Invert[illegible]

Guía paso a paso sobre cómo invertir y ganar con las Etf.

Métodos y estrategias para generar ingresos pasivos constantes y de bajo riesgo

Sebastián Kike

Resumen

Nota del autor

El mundo de los ETFs es un campo fascinante, pero también puede estar plagado de peligros: siempre recomiendo la máxima parsimonia y saber que sólo a través del conocimiento y el estudio seremos capaces de encontrar el camino correcto hacia el beneficio y la satisfacción.

Hay que hacer, paso a paso, un curso de formación, para darse cuenta del gran potencial de las ETF y de este mundo.

A los que están empezando, les recomiendo encarecidamente que se muevan con cautela y que inviertan sólo las sumas que puedan permitirse perder, en caso de que ocurra algún percance. Las fluctuaciones del mercado son volátiles, pero gracias a estos instrumentos podemos dirigir nuestra nave hacia nuestros objetivos.

¡Siempre en el camino del éxito! ¡Feliz lectura!

Introducción - qué son las Etf y las Etc

Hay muchas formas de invertir tu dinero para construir tu patrimonio. Desde las acciones hasta los bonos, pasando por los fondos indexados, existe una amplia gama de vehículos de inversión para cada tipo de inversor en función de sus objetivos.

Una opción habitual para los inversores principiantes que desean exponerse al mercado de valores en general es invertir en un fondo cotizado en bolsa. Seguramente ya ha conocido sus siglas: ETF.

¿Qué son los ETF?

Piense en los ETFs como cubos que contienen una colección de valores, como acciones y bonos. Dado que los ETFs se componen de estos múltiples activos, proporcionan a los inversores una diversificación instantánea. Cuando un inversor compra una acción de un ETF, su dinero se reparte entre varias inversiones. Esto difiere de las acciones, en las que se compran acciones individuales de una sola empresa.

Los ETF suelen imitar un índice de mercado como el S&P 500. Dado que el rendimiento de los ETFs suele basarse en un índice, lo que significa que siguen las subidas y bajadas de ese índice, la mayoría son inversiones gestionadas de forma pasiva y, por tanto, probablemente tengan comisiones más bajas que los fondos de inversión. Los fondos de inversión, en cambio, quieren batir el rendimiento del mercado y, por tanto, están gestionados por un gestor de fondos, que elige activamente las inversiones.

Al igual que las acciones, los ETF pueden comprarse y venderse en la bolsa durante el día y los inversores pueden incluso obtener dividendos en función del tipo de índice que siga el fondo.

Dado que los ETF ofrecen una diversificación integrada y no requieren grandes cantidades de capital para invertir en una serie de valores, son una buena forma de empezar. Puede negociarlas como si fueran acciones y disfrutar de una cartera diversificada.

En primer lugar, tendrá que crear una cuenta en línea a través de un corredor o una plataforma de negociación. Después de depositar fondos en la cuenta, puede comprar ETFs utilizando su símbolo de cotización e indicando cuántas acciones desea.

Decidir cuántas acciones comprar depende en gran medida del precio actual de una acción y de su propia situación financiera. Los ETFs son buenos para los principiantes porque ofrecen un acceso de nivel de entrada: puede comprar incluso una sola acción y con algunos corredores puede incluso comprar acciones fraccionadas.

Las comisiones varían en función del corredor, pero lo mejor es buscar opciones con costes de transacción muy bajos o nulos.

No hace falta tener mucha experiencia para invertir con los ETF, e invertir en ellos es una forma fácil de iniciarse en el mercado.

Un fondo cotizado en bolsa, abreviado ETF, es un fondo de inversión que le permite comprar una amplia cesta de acciones individuales o bonos gubernamentales y corporativos en una sola compra. Piense, por tanto, en los ETF como envoltorios de inversión.

Se podría decir que el ETF es un pariente del fondo de inversión, que es otra forma de comprar muchos valores a la vez. Pero hay algunas diferencias importantes entre los ETF y los fondos de inversión. Mientras que los fondos de inversión suelen contar con gestores humanos que negocian activamente la entrada y salida de acciones del fondo en función de lo que prevén que subirá o bajará, la gran mayoría de los ETF se gestionan de forma diferente.

Por lo tanto, muchos ETF están programados con un algoritmo que se limita a seguir todo un sector económico o un índice, como el S&P 500 o el mercado de bonos. Por esta razón, los fondos de inversión suelen denominarse de "gestión activa" y los ETF de "gestión pasiva", aunque hay muchas excepciones a esta regla. A diferencia de los fondos de inversión, que sólo cotizan una vez al día, los ETF pueden comprarse y venderse durante toda la jornada bursátil, al igual que los valores individuales. Esto explica por qué se llaman fondos "negociados en bolsa".

Aunque las variedades de ETFs no son tan abundantes, hay un número y una variedad impactante de ellos, y su número crece cada día. Estas son las principales clases de activos y productos de inversión incluidos en las mayores categorías de ETFs .

Seguimiento bursátil ETFs

Los ETF que reflejan índices como el mercado de acciones o de bonos han atraído, con mucho, la mayor inversión de los inversores particulares. También conocidos como ETFs de índices o ETFs de bonos, porque siguen un índice de mercado concreto, son una forma especialmente popular para los inversores de poseer una pequeña parte de la economía.

Quienes deseen exponerse a la renta variable internacional pueden optar por invertir en uno de los diversos tipos de ETF internacionales.

ETFs que se centran en todas las economías del mundo.

Un ETF como el Total International Stock ETF (VXUS) de Vanguard trata de "seguir el rendimiento... de las acciones emitidas por empresas situadas en mercados desarrollados y emergentes, excluidos los Estados Unidos". Por lo tanto, un precio le comprará la exposición a la mayoría de las economías fuera de los Estados Unidos. También puede invertir en ETFs que siguen los mercados de valores de países específicos, como la Bolsa de Toronto (TSX) o la Bolsa de Tokio (TYO).

ETFs centrados en los mercados desarrollados

Los mercados desarrollados son los mercados de países que tienen economías bien establecidas, generalmente un estado de derecho establecido y están tecnológicamente avanzados en comparación con otros países del mundo. Algunos ejemplos de países desarrollados son Australia, Japón y Alemania. Un ETF de mercados desarrollados proporcionaría una amplia exposición a todos los mercados desarrollados. El iShares MSCI EAFE ETF (EFA) de BlackRock es un buen ejemplo.

ETFs centrados en los mercados emergentes

El término "mercados emergentes" fue acuñado en 1981 por el economista Antoine van Agtmael cuando trabajaba para la Corporación Financiera Internacional (CFI) del Banco Mundial como alternativa a las connotaciones negativas que sugería el término "tercer mundo". Las economías emergentes, como Brasil, China, Rusia y Turquía, son países con salarios medios per cápita relativamente bajos, políticamente menos estables que los mercados desarrollados, pero abiertos a la inversión internacional. Aunque la inversión en los mercados emergentes tiende a ser más arriesgada que en los mercados desarrollados, el riesgo se mitiga en cierta medida cuando un ETF invierte en muchos, muchos mercados emergentes. El FTSE Emerging Markets ETF (VWO) de Vanguard, el mayor de su clase por activos bajo gestión (AUM), trata de "seguir de cerca el rendimiento del índice FTSE Emerging Markets All Cap China A Inclusion".

Los fondos cotizados (ETF) son un tipo de valor que combina la flexibilidad de las acciones con la diversificación de los fondos de inversión. La parte del nombre "exchange traded" se refiere a la forma en que estos valores se compran y venden en el mercado como acciones. La parte del fondo se refiere a cómo un ETF proporciona un fácil acceso a la diversificación y la exposición a una amplia variedad de clases de activos.

¿Qué es un ETF? ¿Cómo funcionan?

Un ETF está diseñado para seguir el precio de un índice o un conjunto de activos subyacentes lo más cerca posible. Así es como funciona: una empresa de servicios financieros compra una cesta de activos (acciones o bonos, divisas o contratos de futuros sobre materias primas) que componen el fondo. A continuación, la empresa vende acciones que siguen el valor del fondo, a través de corredores de bolsa. Las acciones pueden negociarse en los mercados al igual que las acciones.

Cuando se compran acciones de un ETF, no se acaba siendo propietario de una parte de los activos subyacentes, como en el caso de las acciones de una empresa. La empresa de servicios financieros que gestiona el ETF es la propietaria de los activos y ajusta el número de acciones del ETF en circulación en un intento de mantener su precio en sincronía con el valor de los activos subyacentes o del índice (más información al respecto más adelante).

Hay ETFs para cada tipo de activo

Hay ETFs basados en casi todos los tipos de valores o activos disponibles en los mercados financieros. Los ETF de renta variable siguen las acciones de las empresas de un sector. Los ETF de bonos pueden invertir en bonos del Estado de un determinado vencimiento, en títulos de deuda de alta calidad o en bonos basura. Los ETF de divisas compran divisas de una nación o incluso de toda una región. Los ETFs híbridos combinan y combinan varios tipos de activos.

Los ETFs pueden tener un enfoque ultra-amplio, tratando de replicar un índice de mercado amplio como el S&P 500, o incluso el rendimiento de la economía de todo un país. También pueden tener un enfoque ultra-estrecho, especializándose en un pequeño grupo de empresas en un sub-sector.

Comisiones aplicadas a los ETFs

Cuando se tienen acciones de un ETF, generalmente se paga una comisión de gestión anual. Se trata de un coeficiente de gastos (a veces denominado coeficiente de gastos de explotación), que equivale a un porcentaje del valor de sus acciones del ETF sobre una base anual.

La buena noticia es que las comisiones de los ETF son relativamente bajas. Por ejemplo, según Morningstar en 2018, los ETFs de índices pasivos tenían comisiones tan bajas como el 0,10%. Hay ETFs gestionados activamente (son menos comunes), que tienen comisiones más altas que los ETFs de índice, que simplemente siguen índices de mercado designados.

También es posible que le cobren comisiones de corretaje por operar con ETFs, dependiendo del corredor que utilice para comprar y vender acciones. Muchos corredores no cobran comisiones en algunos ETF. Antes de decidirse a comprar un ETF, compruebe qué comisiones puede tener.

Los ETFs y los impuestos

Los beneficios de los ETFs tributan de la misma manera que sus activos subyacentes. Si posee un ETF de renta variable y vende la inversión, cualquier ganancia será tratada de la misma manera que la venta de una acción. Si mantiene el ETF durante un año o menos, estará sujeto al impuesto sobre las ganancias de capital a corto plazo a su tipo marginal normal. Si mantiene el ETF durante más de un año, sus impuestos se ajustarán al tipo de las ganancias de capital a largo plazo.

Algunos ETF de renta variable recogen los dividendos de los activos subyacentes y los distribuyen a los accionistas o los reinvierten, con diferentes implicaciones fiscales.

Cuando invierta en ETFs, haga su debida diligencia para entender las implicaciones fiscales. Si desea mantener ETFs en una cuenta de jubilación con ventajas fiscales, asegúrese de consultar con su custodio para ver qué tipos de ETFs podrían estar permitidos en su cuenta.

ETFs vs. fondos de inversión: ¿cuál es la diferencia?

Los ETF y los fondos de inversión comparten algunas similitudes, pero existen importantes diferencias entre estos dos tipos de fondos, especialmente en lo que respecta a los impuestos. Cuando se invierte en un fondo de inversión, se posee una parte de los activos subyacentes, lo que no ocurre con los ETF. Las acciones de los ETF se negocian en la bolsa durante todo el día, mientras que los fondos de inversión sólo pueden comprarse o venderse al final de la jornada.

Es posible que tenga menos control sobre los impuestos que acaba pagando con los fondos de inversión, especialmente cuando se trata de fondos de inversión negociados activamente. La negociación de los gestores de fondos de inversión está sujeta a los requisitos de tenencia asociados a las ganancias de capital a largo y corto plazo.

Si un gestor de fondos de inversión compra y vende activos con frecuencia, usted puede ser víctima de los impuestos sobre las plusvalías a corto plazo. Los impuestos sobre los fondos de inversión se cobran al final del año, por lo que existe la posibilidad de que acabes con una factura fiscal considerable, dependiendo de cómo se haya gestionado el fondo.

Cómo siguen los ETFs sus activos subyacentes

Las empresas de servicios financieros venden bloques de acciones de los ETF (denominados "unidades de creación") a los intermediarios para garantizar que los precios de las acciones de los ETF se mantengan en su mayor parte en línea con el índice subyacente o los precios de los activos que posee el fondo. Los corredores de bolsa compran estos bloques de acciones en efectivo o los intercambian en especie por los tipos de activos que posee el fondo.

Cada ETF publica su valor liquidativo (NAV) al final del día de negociación, al igual que un fondo de inversión; por lo tanto, los gestores venden o negocian unidades de creación para que el ETF vuelva a estar en línea con el valor de los activos subyacentes cuando el precio de mercado se desvía demasiado del NAV. Los ETFs son extremadamente transparentes, ya que todos los activos se publican cada día, lo que facilita la comprensión de lo que el fondo posee exactamente.

Los activos subyacentes de los ETF de materias primas son contratos de futuros y, en algunos casos, los contratos a corto plazo que vencen son más baratos que los del mes anterior. A medida que los futuros mantenidos por el fondo se renuevan, puede haber momentos en los que el ETF experimente pérdidas pronunciadas y repentinas.

Diversificación: una ventaja clave de los ETFs

Uno de los conceptos más importantes de una buena inversión es la diversificación. No debe invertir en una gama demasiado estrecha de valores o en una sola clase de activos, sino que debe tratar de construir una cartera diversificada con una amplia variedad de valores y activos. Esto protege su patrimonio: cuando algunos activos pierden terreno, otros deberían comportarse mejor.

Los ETFs facilitan la diversificación de su cartera de inversiones. Los ETF de materias primas, metales preciosos y divisas permiten a los inversores exponerse fácilmente a clases de activos alternativos simplemente comprando acciones de ETF.

Tenga en cuenta que invertir en un ETF de materias primas no es lo mismo que poseerlas. Además, asegúrese de que la construcción de su cartera de ETFs utiliza los principios de diversidad y asignación de activos para alcanzar sus objetivos, en lugar de centrarse demasiado en la compra de algo un poco más exótico.

En la conversación cotidiana, un ETC (exchange traded commodity) podría referirse a un ETF (exchange traded fund) de materias primas, pero un ETC es en realidad un nombre de producto para un tipo específico de valor. El término ETC se utiliza habitualmente en Europa y Australia, donde la Bolsa de Londres y la Bolsa de Valores de Australia ofrecen productos de negociación denominados ETC. La mayoría de los inversores no notarán ninguna diferencia entre la mayoría de los ETF de materias primas o los pagarés cotizados de materias primas (ETN) y los ETC, pero hay diferencias estructurales.

¿Qué es un CTE?

Un ETC se negocia en una bolsa, como una acción, pero sigue el precio de una materia prima o un índice de materias primas. En este sentido, los ETC tienen una cotización que sube y baja según el valor de la materia prima subyacente.

Diferencias entre un ETC y un ETF (o ETN)

Los ETF de materias primas invierten en una materia prima comprando o vendiendo la materia prima subyacente que el ETF debe controlar, o comprando o vendiendo contratos de futuros sobre la materia prima subyacente. Un CTE no lo hace directamente. Un ETC es un pagaré o instrumento de deuda suscrito por un banco para el emisor del ETC. Por lo tanto, existe el riesgo de que el suscriptor sea insolvente y, por lo tanto, no pueda respaldar financieramente el ETN. Esto haría que el ETN no tuviera valor, aunque la materia prima subyacente siguiera teniendo valor.

Un ETC es una fusión entre un ETF y un ETN. Está respaldado por un pagaré suscrito, pero ese pagaré está respaldado por materias primas físicas, compradas con dinero procedente de las entradas de capital en la ETC . Esto reduce el riesgo de problemas de insolvencia para el suscriptor.

Al igual que un ETN, un ETC tiene muy pocos errores de seguimiento, ya que el billete sigue un índice y no los contratos de futuros físicos o las materias primas físicas que posee. Un ETF hace un seguimiento de sus participaciones, lo que lo hace susceptible de errores de seguimiento en los que los movimientos de los precios de las materias primas no se reflejan con precisión en los movimientos de precios del ETF a lo largo del tiempo.

Las diferencias entre un ETC, un ETF y un ETN son complejas y están llenas de jerga legal. Los folletos de este tipo de productos suelen ser largos, pero conviene leerlos para conocer todos los riesgos antes de invertir. Un producto no es necesariamente mejor que otro, sino que los inversores deben comparar cualquier oportunidad de inversión con tipos de inversión similares antes de elegir el mejor para ellos.

En cuanto a las diferencias estructurales entre un ETF y un ETC, el ETF invierte directamente en materias primas físicas o contratos de futuros. Un ETC es una nota de deuda, respaldada por un suscriptor, que luego garantiza la nota con la compra de la mercancía. Los inversores suelen encontrar poca diferencia entre los distintos tipos de productos cotizados, pero un poco de investigación antes de invertir puede revelar que un producto tiene una ligera ventaja sobre otro.

En este libro, trataremos el tema con profundidad y precisión, intentando destacar todas las ventajas de esta inmensa posibilidad.

Las principales características

Con más de 5.000 ETFs cotizados en todo el mundo, puede resultar abrumador para un operador saber cuál es la mejor manera de operar con un ETF. Sólo en Europa cotizan más de 1.600, y la liquidez se concentra en los 50 principales ETF.

Además, los recientes estudios de Tradebook sobre la negociación de los ETF indican que puede ser muy diferente de la ejecución de las acciones ordinarias. Una orden de compra grande puede tener un impacto significativo en el mercado. Mientras que una orden del ETF de tamaño similar tendrá menos impacto en el mercado. Esto sugiere que se necesitan estrategias diferentes para la ejecución de los ETF y que los algoritmos genéricos de acciones no serán suficientes.

Otros estudios sobre los libros de negociación también indican que debería considerarse la negociación en bloque para obtener un rendimiento óptimo del ETF.

Además de las ventajas de negociar con ETFs en la bolsa, la clave para el éxito de la negociación con ETFs es entender las características clave de un ETF que pueden guiar al operador sobre la liquidez y los precios que se pueden esperar.

1. Unidad de creación

El primer atributo es la unidad de creación de un ETF. La unidad de creación es el tamaño del bloque de un ETF que se puede crear o reembolsar con el emisor. La unidad de creación, que suele ser de 50.000 a 100.000 acciones del ETF, es como un "lote redondo" para un ETF. Los operadores saben que en muchos mercados se puede esperar un precio diferente para los "lotes redondos" y los "lotes impares". Por lo general, un "lote impar" obtendrá un precio más bajo al negociar un "lote par".

Por ejemplo, un operador tiene una orden de ETF de 50.000 acciones y la unidad de creación es también de 50.000 acciones. En comparación con los precios actuales del mercado, un operador puede esperar ver un mejor precio de los proveedores de liquidez para un bloque de 50.000 ETFs. Dividir el pedido de 50.000 acciones en 5 tajadas de lotes impares de 10.000 acciones puede que no permita obtener los mejores precios.

1. **INAV**

El Valor Liquidativo Indicativo, el INAV, es el valor liquidativo intradía de la cesta subyacente, convertido en el precio del ETF. Este INAV lo define el emisor del ETF y lo publican las bolsas cada 15 segundos, basándose en los últimos precios de los valores subyacentes.

Este "valor razonable" proporciona al operador una "guía de precios" sobre el lugar en el que puede operar un ETF. La mayoría de las veces, un ETF puede cotizar con una prima o un descuento respecto al INAV. Parte de esta discrepancia puede deberse al desfase de la alimentación de precios del INAV. Algunos pueden atribuirse a la forma de calcular el INAV.

Por ejemplo, muchos ETFs de renta fija INAV cotizan con cada bono subyacente. La mayoría de los bonos no se negocian electrónicamente y algunos ni siquiera se negocian. Confiar en un servicio de fijación de precios de bonos puede dar un valor justo inexacto de un ETF de bonos. La compra de un ETF implicaría normalmente pagar el precio de oferta, lo que haría que el precio fuera una prima respecto al cálculo del precio de oferta del INAV.

3. Liquidez implícita

La liquidez implícita proporciona una "guía del volumen de liquidez disponible para un ETF". La abundancia de liquidez en la cesta subyacente indica cuántas acciones del ETF pueden negociarse potencialmente en un día.

1. **Flujos de fondos**

Los flujos de fondos son probablemente la característica más fácil de entender. Los ETFs pueden crearse o rescatarse cada día. Esta entrada o salida neta diaria de un ETF da una buena indicación del sentimiento del mercado cada día.

7 características ganadoras de los ETFs | Tendencias de los ETFs

A pesar de todas las ventajas de tener un número aparentemente infinito de opciones, tener innumerables opciones también puede resultar abrumador si se empieza a pensar demasiado en ellas. Las opciones de fondos cotizados (ETF) se cuentan ya por centenares, por lo que es imprescindible saber elegirlas.

El gran número de fondos ha provocado una intensa competencia para atraer el dinero de los inversores. Una de las formas en que los fondos se han diferenciado es centrándose en nichos de mercado muy específicos, como el transporte marítimo o los dispositivos médicos. Otros fondos se han fijado en las tendencias de inversión más candentes, como la energía verde. También hay agujeros domésticos en el mundo de la inversión que todavía necesitan ser llenados, y los primeros en llegar pueden estar en una buena posición para beneficiarse de llenar los vacíos.

Con tantos fondos disponibles, los inversores deberían estar interesados en identificar ciertas características que pueden hacer que un fondo sea bueno o malo.

- Un fondo debe tener un mínimo de 10 millones de euros en activos. Esto garantiza que un fondo tenga una amplia liquidez y unos diferenciales estrechos.
- Un fondo debe tener un volumen de negociación diario elevado. Los volúmenes de negociación pueden variar en el rango de millones de operaciones por día. Los altos volúmenes garantizan la liquidez y permiten una salida fácil. De nuevo, si es usted un gran operador, asegúrese de contactar con un proveedor de liquidez alternativo.
- Desde el punto de vista del riesgo, puede ser inteligente invertir en fondos que repliquen un índice amplio en lugar de un índice oscuro. Pero si quiere más riesgo, considere fondos más estrechos: sólo tiene que tener un stop loss.
- Los ETFs se construyen para seguir índices. En igualdad de condiciones, los fondos con pequeños errores de seguimiento son preferibles a los que tienen errores mayores.
- Los fondos que son los primeros en seguir un índice suelen ser

preferibles a los que se limitan a imitar a los "primeros". Esto se debe a que los fondos que son pioneros suelen atraer más dinero de los inversores, lo que refuerza los activos y el volumen de negociación y, por tanto, la liquidez.

- No olvides el coste. Si está considerando un par de ETFs que son en gran medida similares, fíjese en lo que cuestan. No es lo más importante, pero en igualdad de condiciones, más barato es mejor.
- ¿Dónde está su estrategia? Antes de comprar, ¿tiene una estrategia establecida? Lo veremos en los próximos capítulos.

A veces, un ETF tendrá que liquidar. Normalmente, el fondo informará a sus inversores tres o cuatro semanas antes de la liquidación. Los inversores que se enfrenten a la liquidación tendrán una de las dos opciones.

- Vender antes de la fecha de stop-trading para evitar una fuerte caída de los activos subyacentes.
- Mantener las acciones hasta la liquidación, momento en el que los inversores recibirán una distribución de los activos vendidos. De este modo, el inversor podrá evitar diferenciales monetarios potencialmente elevados en las acciones del fondo.

Si se eligen con cuidado, los ETFs son una excelente manera de reducir el perfil de riesgo de su cartera y ganar exposición a una variedad de diferentes sectores del mercado.

¿Cómo nacen? Un poco de historia

Los fondos cotizados son omnipresentes en el mundo de la inversión. Los ETF son ampliamente utilizados por todo tipo de inversores, desde particulares con cuentas relativamente pequeñas y estrategias sencillas hasta sofisticados fondos de cobertura que gestionan miles de millones.

Por ello, puede resultar difícil de creer que el sector de los ETF sea todavía relativamente joven; la mayoría de los ETF sólo existen desde hace un puñado de años y no hace tanto tiempo que los activos no llegaban a los 500.000 millones de euros. A continuación se presenta una historia abrumadora de la industria de los ETF, que comienza con el lanzamiento del primer producto cotizado.

Enero de 1993: debut del S&P 500 SPDR (SPY)

Cuando el primer ETF comenzó a cotizar, Bill Clinton era presidente. El SPY A se lanzó con relativamente poca fanfarria, pero desde su inauguración ha acumulado los mayores activos bajo gestión de cualquier ETF.

Abril de 1995: debut de la segunda ETF

Al igual que el segundo hombre que pisó la luna (Buzz Aldrin) no es tan conocido como Neil Armstrong, el segundo ETF lanzado no quedó en la mente de muchos inversores. En la primavera de 1995, State Street lanzó su **SPDR MidCap** (MDY B+), que buscaba replicar el rendimiento del índice S&P MidCap 400. MDY sigue siendo bastante popular; el fondo tiene activos de unos 17 millones de dólares y un volumen medio diario de unos 1,5 millones de acciones (a fecha de 4/06/2015).

Marzo de 1996: iShares lanza ETFs internacionales

Los primeros ETFs de iShares en debutar incluyen un conjunto de ETFs de renta variable internacional dirigidos a **Australia** (EWA B+), **Canadá** (EWC C+), **Suecia** (EWD B+), **Hong Kong** (EWH A), **Alemania** (EWG B+), **Italia** (EWI B-), **Japón** (EWJ A), **Bélgica** (EWK A-), **Suiza** (EWL A-), **Malasia** (EWM B+), **Países Bajos** (EWN B+), **Austria** (EWO C+), **España** (EWP B-), **Francia** (EWQ B+), **Singapur** (EWS B+), **Reino Unido** (EWU A-) y **México** (EWW A).

Diciembre de 1998: debut de los SPDR sectoriales

En la actualidad, existen ETF que dan acceso a subsectores muy limitados de la economía, como los teléfonos inteligentes, las mineras de platino y las redes sociales (SOCL C+). El primer paso hacia este nivel de granularidad sectorial se dio a finales de 1998, cuando debutó una gama de productos dirigidos a los principales sectores de la economía estadounidense. Los SPDR sectoriales son bastante sencillos, ya que desglosan el S&P 500 por sectores.

Julio de 2002: debut de los ETF de bonos

Los ETFs de bonos son productos cotizados muy populares que rastrean varios bonos. Puede ser difícil de creer que estos productos no hayan sido lanzados antes, pero de todos modos han tenido éxito. iShares lanzó sus primeros cuatro ETFs de bonos - (IEF A-), (LQD A-), (SHY A) y (TLT B-) - en el verano de 2002.

Noviembre de 2004: lanzamiento del SPDR de oro (GLD)

El primer ETF de materias primas en debutar fue (GLD A-), que ofrece exposición a lingotes de oro físico. El GLD, que ahora es uno de los ETF más populares, no empezó a cotizar hasta más de una década después de que saliera al mercado el primer ETF. El segundo ETF de oro, iShares (IAU A), debutó sólo unos meses después, en enero de 2005, y también tuvo bastante éxito.

Junio de 2006: la ETN entra en escena

A mediados de 2006, Barclays lanzó sus dos primeros valores cotizados: dos productos que ofrecen exposición a contratos de futuros de materias primas. El **ETN Dow Jones-UBS Commodity Index** (DJP A-) y el **ETN S&P GSCI Total Return Index** (GSP B-) ofrecen acceso a cestas diversificadas de contratos de futuros sobre materias primas, aunque la combinación entre ambos varía ligeramente.

Noviembre de 2009: Schwab lanza ETFs sin comisiones

Charles Schwab llegó tarde al juego de los ETF, pero dio un golpe de efecto con el debut de cuatro fondos que podían negociarse sin comisiones en las cuentas de Schwab. En los meses siguientes, otros corredores siguieron rápidamente su ejemplo: Fidelity, TD Ameritrade, Vanguard y E*TRADE ofrecen ahora la negociación de ETFs sin comisiones.

Diciembre de 2010: los activos de los ETFs alcanzan el billón de dólares

A finales de 2010, el sector de los ETFs alcanzó la inevitable marca de 1 billón de dólares. Gracias en gran parte a la recuperación del mercado bursátil desde que tocó fondo a principios de 2009, los activos totales de los ETFs superaron el billón de dólares y nunca han mirado atrás. En diciembre de 2014, el total de los activos netos de los ETF era de casi 2 billones, lo que representaba alrededor del 13% del total de los activos netos gestionados por los fondos de inversión a largo plazo, los ETF, los fondos cerrados y los fondos de inversión a finales de 2014 .

¿Por qué los bancos no hablan de los ETF?

Los fondos cotizados bancarios (ETF) ofrecen a los inversores una exposición al sector bancario y financiero de la economía. Los servicios bancarios pueden abarcar desde la captación de depósitos, la concesión de préstamos y la facilitación de pagos hasta la gestión de inversiones, la planificación de la jubilación, los seguros y los servicios de corretaje.

Los ETF bancarios ofrecen a los inversores una forma de compartir estos beneficios invirtiendo en una cesta de bancos y otras empresas de servicios financieros.

Puntos clave

- El sector bancario ha superado los resultados del mercado en general durante el último año.
- Los fondos cotizados (ETF) bancarios con los mejores rendimientos totales finales a un año son FTXO, IAT y KBWB.
- Las principales participaciones de estos ETFs son New York Community Bancorp Inc., PNC Financial Services Group Inc. y Wells Fargo & Co. respectivamente.

- Aunque los fondos de inversión tradicionales y los fondos cotizados son similares, conviene tener en cuenta sus diferencias antes de elegir cuál es el más adecuado para usted.
- Estas diferencias incluyen la forma de operar, su coste y las implicaciones fiscales.

Es posible que algunos inversores quieran volver a comprobar su familiaridad con los fondos de inversión y los fondos cotizados.

Una cuarta parte de los inversores no tiene preferencia entre ambos y el 17% no sabe la diferencia, según un nuevo estudio de Raymond James. El 44% prefiere los fondos de inversión, mientras que el 14% prefiere los ETF.

Es muy importante entender las diferencias entre ellos.

La forma de utilizarlos depende de su plazo de inversión, de sus objetivos y de su plan financiero: hay que tener en cuenta muchas cosas.

Los datos proceden de una encuesta que explora temas generales como la satisfacción con el progreso hacia los objetivos de inversión y el proceso de toma de decisiones de inversión. La encuesta en línea, realizada a mediados de agosto, encuestó a más de 1.000 inversores.

Aunque los fondos de inversión y los ETF tradicionales son similares en muchos aspectos, a continuación se exponen sus principales diferencias para ayudarle a determinar cómo puede encajar uno o ambos en su estrategia de inversión.

Lo básico

Como ya hemos mencionado, probablemente ya sepa que tanto los fondos de inversión tradicionales como los ETF son básicamente fondos de dinero en los que los inversores compran acciones.

Muchos fondos de inversión tradicionales se gestionan de forma activa, lo que significa que los expertos en inversiones están al frente de la elección de dónde invertir los activos de un fondo. Esto depende de los objetivos de inversión del fondo, es decir, crecimiento, ingresos, que generalmente pueden ser acciones, bonos o efectivo, o una mezcla.

Activos en fondos de inversión, ETFs

Tipo de fondo	Patrimonio
Fondos de inversión de gestión activa	11,8 billones de euros
Fondos indexados de gestión pasiva	3,6 billones de euros
ETFs de gestión pasiva	3,6 billones de euros
ETFs de gestión activa	61.900 millones

Otros fondos de inversión son fondos indexados de gestión pasiva. Es decir, siguen un índice, como el Standard & Poor's 500, en lugar de tener a alguien que recoja y elija las inversiones.

En cuanto a los ETF, la mayoría son de gestión pasiva y siguen un índice, aunque una pequeña proporción utiliza algún aspecto de la gestión activa.

Comercio

Una gran diferencia entre los fondos de inversión tradicionales y los ETF es la forma en que se negocian.

Los fondos de inversión tradicionales, ya sean de gestión activa o fondos indexados, sólo pueden comprarse y venderse una vez al día, tras el cierre del mercado a las 16:00 ET.

En cambio, los ETF se negocian a lo largo del día como las acciones. Esto significa que los inversores pueden reaccionar rápidamente a las noticias del mercado para comprar o vender cuando sea apropiado.

Sin embargo, los inversores a largo plazo, como los que ahorran para una jubilación a décadas de distancia, deberían, por lo general, ceñirse a una estrategia de inversión que no se base en tratar de cronometrar el mercado.

La mayoría de los inversores a largo plazo no tienen ninguna necesidad real de poder operar, por ejemplo, a las 10 de la mañana en lugar de al final del día.

En todo caso, esa liquidez podría ser perjudicial si les hace operar más a menudo de lo que lo harían en otras circunstancias.

Costo

En su mayor parte, los fondos de gestión activa cuestan más que los de gestión pasiva porque se paga por la experiencia en la inversión.

En los fondos de inversión, el coste se denomina ratio de gastos y se expresa en porcentaje. Es la parte de su patrimonio que el fondo se lleva cada año como comisión por la gestión de su dinero.

El ratio de gastos medio de los fondos de inversión tradicionales de gestión activa es del 1,09%. En el caso de los fondos indexados, es del 0,79%. En cuanto a los ETF, la mayoría de los pasivos tienen un ratio de gastos del 0,57%. Los de gestión activa, el 0,76%.

Las comisiones de inversión son importantes porque le quitan un bocado al dinero que de otro modo estaría en su cuenta para seguir creciendo. Cuanto mayor sea el gasto anual, mayor será el impacto en sus ganancias a lo largo del tiempo.

Supongamos que inviertes 100.000 euros durante 20 años y su rentabilidad anual es del 4 por ciento. Si pagara un 0,25% al año, tendría casi 210.000 euros, según la Oficina de Educación y Defensa del Inversor de la Comisión de Valores. Por el contrario, si pagara un 1% al año, esos 100.000 euros pasarían a ser sólo unos 180.000 euros.

Inversiones

Como se ha mencionado, los fondos de gestión activa cuentan con un experto, o un equipo de expertos, que elige exactamente cómo invertir su dinero. El folleto del fondo describe los parámetros que los gestores del fondo deben seguir a la hora de elegir las inversiones, y el rendimiento se basa en si el equipo de gestión del fondo ha tomado las decisiones correctas.

Los fondos indexados y la mayoría de los ETF no tienen flexibilidad de inversión, por lo que si el índice que siguen se comporta bien, también lo harán sus participaciones.

Nuevas entradas (y salidas) de dinero en los fondos

Tipo de fondo	2021 desde el comienzo del año
Fondos de inversión de gestión activa	(44.400 millones de euros)
Fondos indexados de gestión pasiva	123.800 millones de euros
ETFs de gestión pasiva	164.300 millones de euros
ETFs de gestión activa	17.100 millones

Sin embargo, a los fondos de inversión de gestión más activa les ha resultado difícil superar a sus índices de referencia y a sus hermanos basados en índices en los últimos años, ya que el mercado alcista que comenzó a principios de 2009 sigue subiendo. El índice S&P 500 ha subido más de un 330% desde su mínimo de 666 en marzo de 2009.

En teoría, en los fondos de inversión de gestión activa, los gestores pueden reorganizar su combinación de participaciones para evitar grandes pérdidas. Aunque esto no siempre salga como está previsto, es una ventaja que podría ser un buen augurio en un mal entorno de mercado.

Si este mercado llega a girar -y lo hará-, se empezarán a ver artículos que digan que es el momento de pasar a la gestión activa. Los gestores activos pueden poner en marcha herramientas que pueden evitar menos dolor, por así decirlo.

Tratamiento fiscal

Cuando los fondos de inversión venden inversiones a lo largo del año, todos los beneficios de estas operaciones se trasladan a los accionistas del fondo a través de la distribución de plusvalías. Estas ganancias pueden sorprender a muchos inversores.

Si sus fondos de inversión están en una cuenta sujeta a impuestos, tendrá que pagar impuestos sobre las ganancias del año en que se distribuyeron. Si tiene fondos de inversión en una cuenta con ventajas fiscales, una cuenta de jubilación individual, no tiene que preocuparse por esto porque las ganancias se aplazan hasta que retire el dinero en la jubilación.

Si usted es un inversor a largo plazo, esto no es un gran problema. Es el dilema del inversor a corto plazo.

En general, las ganancias de capital son menos probables con los ETFs debido a la forma en que se construyen y se negocian.

Transparencia

La mayoría de los fondos de inversión publican sus participaciones trimestralmente. En cambio, los inversores pueden ver las posiciones de un ETF típico en línea cuando lo deseen.

Sin embargo, algunos expertos consideran que esta diferencia es exageradamente importante.

Diría que hay muy pocos inversores que se molesten en mirar todos los valores que tiene su ETF cada día.

¿Cuáles son los mejores fondos de inversión?

Aunque la selección de acciones genera la mayor atención en este ámbito, si quiere tener más posibilidades de ganar dinero en el mercado, debería considerar la posibilidad de añadir fondos cotizados (ETF) a su cartera. A diferencia de apostar por una sola empresa para que haga el trabajo, los ETFs representan una cesta de inversiones, lo que le da más posibilidades de ganar.

Para ser justos, al repartir el riesgo entre múltiples valores, los ETFs tienden a mitigar tanto las bajadas como las subidas. Por ejemplo, si usted invirtiera todo su dinero en una determinada empresa tecnológica y ésta publicara sus ganancias a través de banners, probablemente se enfrentaría a un enorme giro al alza. Sin embargo, la exposición a varias empresas tecnológicas, algunas de las cuales pueden no haber registrado resultados financieros positivos, reducirá su rentabilidad.

Sin embargo, es muy difícil separar siempre a los ganadores de los perdedores. Incluso una empresa con una racha positiva podría acabar tambaleándose de la noche a la mañana, lo que supondría un shock para su cartera. Además, es mucho más fácil elegir sectores con un alto potencial de recompensa que averiguar qué marca específica tendrá un rendimiento superior. Por lo tanto, los ETFs le ofrecen la oportunidad de beneficiarse constantemente de las ganancias del mercado.

Es importante destacar que los inversores deben leer toda la información antes de invertir. Por ejemplo, el índice de referencia **S&P 500** ha subido un 20% desde principios de año. Aunque esto es impresionante, hay preocupaciones legítimas de que la tendencia alcista subyacente sea exagerada. Si este es el caso, recomendamos cambiar más la exposición a los ETFs que a las acciones individuales porque nadie sabe lo que va a pasar.

Y debido a esta incertidumbre, se puede cubrir más terreno con los fondos sectoriales que con la selección de nombres individuales. Estos son algunos ETFs para considerar su incorporación a la cartera.

- **iShares Biotechnology ETF** (NASDAQ: **IBB**)
- **Fondo SPDR para el sector energético seleccionado** (NYSERCA: **XLE**)

- **SPDR S&P Retail ETF** (NYSERCA: **XRT**)
- **Vanguard Real Estate ETF** (NYSEERCA: **VNQ**)
- **US Global Jets ETF** (NYSERCA: **JETS**)
- **Amplify Transformational Data Sharing ETF** (NYSERCA: **BLOK**)
- **KraneShares Electric Vehicles and Future Mobility** (NYSEERCA: **KARS**)

Por último, la compra y venta de acciones con margen, que ha alcanzado un nivel récord este año, finalmente se ralentizó un poco en julio de este año. Aunque la métrica sigue en niveles elevados, el retroceso del riesgo sugiere que los ETF son opciones relativamente más seguras que las acciones individuales.

Los mejores ETFs para comprar: iShares Biotechnology ETF (IBB)

El ETF iShares Biotechnology es, sin duda, un fondo obvio debido al impacto inmediato del nuevo coronavirus -y en particular de la variante delta-, pero hay que tenerlo en cuenta si se está pensando en sacar provecho de este catalizador. De hecho, durante esta pandemia, muchos analistas, si no la mayoría, han vendido empresas individuales que ofrecen tratamientos y vacunas.

Por supuesto, el problema aquí es que sólo habrá unos pocos ganadores, básicamente los que lleguen a la meta en primer lugar.

En primer lugar, iShares Biotechnology tiene algunos de los nombres más importantes en la batalla contra Covid en sus 10 principales participaciones, incluyendo **Moderna** (NASDAQ: **MRNA**), **Regeneron Pharmaceuticals** (NASDAQ: **REGN**) y **BioNTech** (NASDAQ: **BNTX**). En segundo lugar, el IBB ha sido un ganador constante, no sólo durante esta crisis sino también en años anteriores.

Sin embargo, los compradores potenciales deberían prestar atención a su ratio de gastos del 0,45%, que está sólo un pelo por debajo de la media de la categoría, del 0,47%.

Fondo SPDR Sector de la Energía (XLE)

Con el impulso de las soluciones energéticas renovables y la electrificación del transporte, los combustibles fósiles pueden parecer demasiado anacrónicos. Aunque entienden las dudas, los inversores también deben reconocer que los combustibles fósiles son increíblemente difíciles de abandonar debido a su alta densidad energética en comparación con otras fuentes.

En otras palabras, puedes tomar gasolina y recorrer unos 30 km en un coche de combustión moderno. Si tomas el volumen equivalente de electrones en un vehículo eléctrico enchufable, no obtendrás ni de lejos la misma autonomía. Este es el poder de los combustibles fósiles y podría hacer que el Energy Select Sector SPDR Fund sea sorprendentemente relevante.

En realidad, quizás esto no sea tan sorprendente. Después de todo, no vamos a sustituir nuestros coches de combustión por alternativas más limpias de la noche a la mañana. Gracias al lanzamiento de la vacuna y a una lenta y constante marcha hacia la normalidad, los kilómetros de los vehículos han aumentado desde sus mínimos en abril de 2020. La tendencia puede continuar, por lo que el XLE es uno de los ETFs que hay que poner en el radar.

También cabe mencionar que su ratio de gastos es del 0,12%. Esta cifra es muy inferior a la media de la categoría (0,44%).

Los mejores ETFs para comprar: SPDR S&P Retail ETF (XRT)

Si se observan varios informes de los medios de comunicación, se sabrá que el mundo entero se ha dividido básicamente en dos bandos: los vacunados y los no vacunados. Aunque la atención se centra en gran medida en las implicaciones sanitarias de la división, también existe un conflicto ideológico entre ambos.

Ante este poderoso sentimiento, creo que vale la pena considerar el SPDR S&P Retail ETF.

Como probablemente haya leído, la venganza de los minoristas es un fenómeno real. Es decir, las personas a las que se les han negado oportunidades de consumo -piensen en ir a esas vacaciones tan esperadas- recuperarán el tiempo perdido. En combinación con los controles de estímulo y otras ayudas gubernamentales, los ETFs relacionados con el comercio minorista pueden sin duda beneficiarse.

Lo que me gusta de XRT, sin embargo, es que está vinculado a una mezcla de empresas cíclicas y seculares, como **Albertsons** (NYSE: **ACI**), **Carvana** (NYSE: **CVNA**) y **DoorDash** (NYSE: **DASH**). Además, su ratio de gastos del 0,35% está muy por debajo de la media del sector, que es del 0,50%.

Vanguard Real Estate ETF (VNQ)

Uno de los segmentos económicos más controvertidos en cuanto al debate sobre la trayectoria es, sin duda, el inmobiliario. Por un lado, hay quienes afirman que los precios de la vivienda pueden seguir subiendo aún más debido a los bajos inventarios y la fuerte demanda. Pero, por otro lado, los críticos sostienen que los precios de la vivienda pueden subir mucho más rápido antes de desplomarse.

Ambas partes tienen argumentos convincentes, por lo que la elección de los valores individuales podría convertirse en un asunto binario: o un grand slam o un desastre. Sin embargo, con los ETFs inmobiliarios, se puede obtener una exposición significativa al tiempo que se limitan las desventajas. Y probablemente, su mejor opción es el ETF inmobiliario de Vanguard.

¿Por qué VNQ? En primer lugar, el fondo cuenta con valores relacionados indirectamente con el boom inmobiliario. Por ejemplo, aquellos que son lo suficientemente ricos como para comprar casas en este clima podrían beneficiarse de empresas como **American Tower** (NYSE: **AMT**) y **Simon Property Group** (NYSE: **SPG**).

Además, VNQ se beneficia del efecto baby boom, con empresas como **Public Storage** (NYSE: **PSA**), para los boomers, y **Welltower** (NYSE: **WELL**), para los boomers que supongo que ya no quieren ver.

Los mejores ETFs para comprar: US Global Jets ETF (JETS)

Una de las ideas más arriesgadas de esta lista de ETFs, US Global Jets representa sin embargo una propuesta intrigante. Como he dicho antes, la venganza de los minoristas es un fenómeno real. La gente no sólo está cansada de la represión de las actividades no esenciales, sino que también está muy ansiosa por recuperar las experiencias perdidas que podrían haber tenido durante 2020/21.

Por lo tanto, la idea de comprar ETFs centrados en los aviones no parece una mala idea a pesar de la crisis de salud pública. Sin embargo, la identificación de aviones individuales parece una tarea difícil. JETS puede ayudar a eliminar las conjeturas del proceso cubriendo una amplia gama de compañías, desde las principales hasta las compañías de descuento.

Pero antes de reservar un vuelo con JETS, debe tener en cuenta que el sector ha seguido una tendencia a la baja desde principios de junio de este año. Además, el furor aéreo se ha apoderado de los cielos aparentemente en la nueva normalidad, lo que puede hacer que los empleados del sector se cuestionen su elección de carrera.

Además, si acaba comprando JETS, tenga en cuenta que el ratio de gastos es del 0,60%, que es alto en comparación con otros ETF.

Amplify Transformational Data Sharing ETF (BLOK)

Sin duda, uno de los sectores más impresionantes, si no *el más* impresionante, es el mercado de las criptomonedas. Una vez más, los activos digitales han captado la atención de los principales medios de comunicación. Esta vez, sin embargo, han entrado compradores institucionales que han llevado a más monedas virtuales a niveles récord sorprendentes.

Y lo que es bueno para las criptomonedas es absolutamente brillante para los mineros de blockchain. Con las recompensas por la acuñación de nuevas monedas más altas que nunca, los primeros inversores que compraron operadores mineros pudieron obtener importantes beneficios. Ahora que el sector de las criptomonedas parece haber despertado de su parón, algunos jugadores están dispuestos a empezar de nuevo.

Sin embargo, se trata de un sector extremadamente volátil. Si quieres visibilidad pero no quieres perder la buena oportunidad, deberías considerar los ETFs relacionados con la criptomoneda y la minería, como el Amplify Transformational Data Sharing ETF. Con una mezcla bien equilibrada de empresas como **Square** (NYSE: **SQ**), **Coinbase** (NASDAQ: **COIN**) y **Nvidia** (NASDAQ: **NVDA**), junto con algunos mineros de blockchain más arriesgados, puede potencialmente hacerlo bien. Y si las cosas van mal, no te enterrará.

Sin embargo, hay que tomar lo bueno con lo malo y, en el caso de BLOK, el ratio de gastos del 0,71% está por las nubes.

Los mejores ETFs para comprar: KraneShares Electric Vehicles and Future Mobility (KARS)

Como parece que todo el mundo me recuerda, los vehículos eléctricos son el futuro. Sin embargo, lo que se discute menos es qué marca dominará ese futuro. Casi como una respuesta pavloviana, escucho a la gente decir **Tesla** (NASDAQ: **TSLA**). Hay que recordar que Tesla puede marcar el ritmo ahora, pero no está garantizado que lo haga en 10 o 20 años.

Pero si cree que los vehículos eléctricos sustituirán a una gran parte de los coches de combustión dentro de unos diez años, entonces podría aprovechar los ETF relacionados con el transporte personal, como KraneShares Electric Vehicles y Future Mobility. Con la exposición a fabricantes de vehículos eléctricos como Tesla y **Nio** (NYSE: **NIO**), los inversores no deberían **entrar en un** frenesí por un juego de adivinanzas a futuro.

Además, a través del ETF KARS, usted tiene indirectamente participaciones en empresas de semiconductores que ayudan a realizar la transición al VE, como **Analog Device** (NASDAQ: **ADI**) y **NXP Semiconductors** (NASDAQ: **NXPI**). Cualquiera que esté seriamente interesado en los vehículos eléctricos debería considerar añadirlos a su cartera.

Pero como todo, hay pros y contras. Aunque KARS tiene potencial alcista, su ratio de gastos del 0,70% está muy por encima de la media de la categoría del 0,48%.

Los fondos cotizados en bolsa (ETF) permiten a los inversores comprar un conjunto de acciones u otros activos en un solo fondo con (normalmente) bajas comisiones y cotizan en bolsa como las acciones. Los fondos cotizados (ETF) se han hecho muy populares en la última década y ahora tienen billones de activos. Con miles de ETFs entre los que elegir, ¿por dónde empieza un inversor? Y con el mercado bursátil subiendo furiosamente tras un desplome inicial en el marco de la crisis del coronavirus, ¿cuáles son los mejores ETF para comprar? A continuación se presentan algunos de los mejores ETFs por categoría, incluyendo algunos fondos altamente especializados.

Los mejores ETFs para 2021

- Vanguard S&P 500 ETF (VOO)
- Vanguard FTSE Developed Markets ETF (VEA)
- Vanguard Information Technology ETF (VGT)
- Vanguard Dividend Appreciation ETF (VIG)
- ETF iShares MBS (MBB)
- Vanguard Short-Term Bond ETF (BSV)
- Vanguard Total Bond Market ETF (BND)
- iShares National Muni Bond ETF (MUB)
- iShares Core Aggressive Allocation ETF (AOA)
- Acciones SPDR Gold (GLD)
- Fondo Invesco DB US Dollar Index (UUP) alcista
- Vanguard Real Estate ETF (VNQ)

- Futuros a corto plazo iPath Series B S&P 500 VIX (VXX)
- ProShares UltraPro QQQ (TQQ)
- ProShares Short S&P 500 ETF (SH)

Los mejores ETF de renta variable

Los ETF de renta variable ofrecen exposición a una cartera de valores cotizados en bolsa y pueden dividirse en diferentes categorías en función del lugar en el que cotizan las acciones, el tamaño de la empresa, si paga dividendos o el sector al que pertenece. Así, los inversores pueden encontrar el tipo de fondos de renta variable a los que quieren estar expuestos y sólo comprar acciones que cumplan determinados criterios.

Los ETF de renta variable tienden a ser más volátiles que otros tipos de inversión, como los certificados de depósito o los bonos, pero son adecuados para los inversores a largo plazo que buscan crear riqueza. Algunos de los sectores más populares de los ETF de renta variable y sus rendimientos (a 26 de julio) son:

Los mejores ETF de índices de capitalización bursátil del mundo

Vanguard S&P 500 ETF (VOO)

Este tipo de ETF ofrece a los inversores una amplia exposición a las empresas que cotizan en las bolsas de valores de EE.UU. utilizando un enfoque de inversión pasiva que replica un índice importante como el S&P 500 o el Nasdaq 100.

Rendimiento del ETF Vanguard S&P 500:

- **Rendimiento en 2020:** 18,3 por ciento
- **Rendimiento histórico (anual durante 5 años):** 17,6%.
- **Ratio de gasto:** 0,03%.

Algunos de los ETF más populares de este grupo son también el SPDR S&P 500 ETF Trust (SPY), el iShares Core S&P 500 ETF (IVV) y el Invesco QQQ Trust (QQQ).

Los mejores ETFs internacionales

Vanguard FTSE Developed Markets ETF (VEA)

Este tipo de ETF puede ofrecer una exposición específica a las empresas internacionales que cotizan en bolsa en general o a zonas geográficas más concretas, como Asia, Europa o los mercados emergentes.

Rentabilidad del Vanguard FTSE developed markets ETF:

- **Rendimiento en 2020:** 9,7 por ciento
- **Rendimiento histórico (anual durante 5 años):** 10,9%.
- **Ratio de gasto:** 0,05%.

Algunos de los ETFs más populares son también iShares Core MSCI EAFE ETF (IEFA), Vanguard FTSE Emerging Markets ETF (VWO) y Vanguard Total International Stock ETF (VXUS).

ETFs de los principales sectores

Vanguard Information Technology ETF (VGT)

Este tipo de ETF ofrece a los inversores una forma de comprar acciones en sectores específicos, como las materias primas, la energía, las finanzas, la sanidad y la tecnología, entre otros. Estos ETFs son generalmente pasivos, lo que significa que siguen un índice específico predefinido de acciones y simplemente siguen el índice mecánicamente.

Rendimiento de la ETF de tecnología de la información de última generación:

- **Rendimiento en 2020:** 46,0 por ciento
- **Rentabilidad histórica (anual en 5 años):** 31,5%.
- **Ratio de gasto:** 0,10 por ciento

Algunos de los ETF más populares son el Financial Select Sector SPDR Fund (XLF), el Energy Select Sector SPDR Fund (XLE) y el Industrial Select Sector SPDR Fund (XLI).

ETFs de dividendos

Vanguard Dividend Appreciation ETF (VIG)

Este tipo de ETF ofrece a los inversores una forma de comprar sólo acciones que pagan un dividendo. Un ETF de dividendos suele estar gestionado de forma pasiva, lo que significa que sigue mecánicamente un índice de empresas que pagan dividendos. Este tipo de ETF suele ser más estable que un ETF de mercado total y puede ser atractivo para quienes buscan inversiones que produzcan ingresos, como los jubilados.

Los mejores ETF de dividendos suelen ofrecer mayores rendimientos y menores costes.

Rendimiento ETF Vanguard Dividend Appreciation:

- **Rendimiento en 2020:** 15,4 por ciento
- **Rendimiento histórico (anual durante 5 años):** 15,4%.
- **Ratio de gasto:** 0,06%.

Algunos de los ETFs más populares aquí también incluyen) Vanguard High Dividend Yield Index ETF (VYM) y Schwab US Dividend Equity ETF (SCHD).

Los mejores ETF de bonos

Un ETF de bonos ofrece exposición a una cartera de bonos, que a menudo se dividen en subsectores según el tipo de bono, el emisor, el vencimiento y otros factores, lo que permite a los inversores comprar exactamente el tipo de bonos que desean. Los bonos pagan intereses según un calendario y el ETF repercute estos ingresos a los titulares.

Los ETFs de bonos pueden ser una inversión atractiva para aquellos que necesitan la seguridad de unos ingresos regulares, como los pensionistas. Algunos de los sectores de ETFs de bonos más populares y sus rendimientos (a fecha de 26 de julio) son:

ETFs de bonos a largo plazo

ETF iShares MBS (MBB)

Este tipo de ETF de bonos ofrece exposición a bonos con un vencimiento largo, quizás hasta 30 años. Los ETFs de bonos a largo plazo están más expuestos a los cambios en los tipos de interés; por lo tanto, si los tipos suben o bajan, estos ETFs se moverán inversamente a la dirección de los tipos. Aunque estos ETFs pueden ofrecer una mayor rentabilidad que los ETFs de bonos a corto plazo, muchos no consideran que la recompensa merezca el riesgo.

Rendimiento del ETF iShares MBS:

- **Rendimiento en 2020:** 4,1 por ciento
- **Rendimiento histórico (anual durante 5 años):** 2,2%.

- **Ratio de gasto:** 0,06%.

Algunos de los ETFs más populares también incluyen iShares 20+ Year Treasury Bond ETF (TLT) y Vanguard Mortgage-Backed Securities ETF (VMBS).

ETFs de bonos a corto plazo

Vanguard Short-Term Bond ETF (BSV)

Este tipo de ETF de bonos ofrece exposición a bonos con un vencimiento corto, normalmente no más de unos pocos años. Estos ETFs de bonos no se moverán mucho en respuesta a los cambios en los tipos de interés, lo que significa que tienen un riesgo relativamente bajo. Estos ETFs pueden ser una opción más atractiva que poseer bonos directamente porque el fondo es altamente líquido y está más diversificado que cualquier bono individual.

Rendimiento del ETF de bonos a corto plazo de Vanguard:

- **Rendimiento en 2020:** 4,7 por ciento
- **Rendimiento histórico (anual durante 5 años):** 2,1%.
- **Ratio de gasto:** 0,05%.

Algunos de los ETFs más populares en esta categoría también incluyen iShares 1-3 Year Treasury Bond ETF (SHY) y Vanguard Short-Term Treasury ETF (VGSH).

Total mercado de bonos ETFs

Vanguard Total Bond Market ETF (BND)

Este tipo de ETF de bonos ofrece a los inversores exposición a una amplia selección de bonos, diversificada por tipo, emisor, vencimiento y región. Un ETF de mercado total de bonos proporciona una forma de obtener una amplia exposición a los bonos sin ir demasiado fuerte en una dirección, lo que lo convierte en una forma de diversificar una cartera con mucha renta variable.

Rendimiento del Vanguard Total Bond Market ETF:

- **Rendimiento en 2020:** 7,7 por ciento
- **Rendimiento histórico (anual durante 5 años):** 3,0%.
- **Ratio de gasto:** 0,035 por ciento

Algunos de los ETFs más populares también son iShares Core US Aggregate Bond ETF (AGG) y Vanguard Total International Bond ETF (BNDX).

ETFs de bonos municipales

iShares National Muni Bond ETF (MUB)

Este tipo de ETF de bonos ofrece exposición a los bonos emitidos por los estados y las ciudades, y el interés de estos bonos suele estar exento de impuestos, aunque es inferior al que pagan otros emisores. Los bonos municipales han sido tradicionalmente una de las áreas más seguras del mercado de bonos, aunque si posee munis de otro estado en un fondo, perderá los beneficios fiscales en su estado de origen, aunque no a nivel federal. Dados los beneficios fiscales, es ventajoso considerar un ETF de bonos municipales que invierta en su estado natal.

Rentabilidad del ETF iShares National Muni Bond:

- **Rendimiento en 2020:** 5,1 por ciento
- **Rendimiento histórico (anual durante 5 años):** 2,9%.
- **Ratio de gasto:** 0,07%.

Algunos de los ETFs más populares también incluyen el Vanguard Tax-Exempt Bond ETF (VTEB) y el iShares Short-Term National Muni Bond ETF (SUB).

Los mejores ETFs equilibrados

iShares Core Aggressive Allocation ETF (AOA)

Un ETF equilibrado mantiene tanto acciones como bonos y tiene como objetivo una cierta exposición a las acciones, lo que a menudo se refleja en su nombre. Estos fondos permiten a los inversores obtener los rendimientos a largo plazo de las acciones al tiempo que reducen parte del riesgo con los bonos, que suelen ser más estables. Un ETF equilibrado podría ser más adecuado para los inversores a largo plazo que pueden ser un poco más conservadores pero necesitan crecimiento en su cartera.

Rentabilidad del ETF iShares Core Aggressive Allocation:

- **Rendimiento en 2020:** 12,8 por ciento
- **Rendimiento histórico (anual durante 5 años):** 12,1%.

- **Ratio de gasto:** 0,25 por ciento

Algunos de los ETF equilibrados más populares son también el iShares Core Growth Allocation ETF (AOR) y el iShares Core Moderate Allocation ETF (AOM).

Los mejores ETF de materias primas

Acciones SPDR Gold (GLD)

Un ETF de materias primas ofrece a los inversores una forma de poseer materias primas específicas, incluidas las agrícolas, el petróleo, los metales preciosos y otras, sin tener que operar en los mercados de futuros. El ETF puede poseer la materia prima directamente o a través de contratos de futuros. Las materias primas suelen ser bastante volátiles, por lo que pueden no ser adecuadas para todos los inversores. Sin embargo, estos ETFs pueden permitir a los inversores avanzados diversificar sus participaciones, cubrir la exposición a una materia prima concreta en otras inversiones o hacer una apuesta direccional sobre el precio de una materia prima concreta. Los ETFs de oro más rentables suelen ofrecer una diversificación de cartera muy eficaz con la incorporación de valores defensivos.

Rendimiento del ETF SPDR Gold Shares:

- **Rendimiento en 2020:** 24,8 por ciento
- **Rendimiento histórico (anual durante 5 años):** 5,5%.
- **Ratio de gasto:** 0,40 por ciento

Algunos de los ETF de materias primas más populares son también iShares Silver Trust (SLV), United States Oil Fund LP (USO) e Invesco DB Agriculture Fund (DBA).

Principales ETF de divisas

Fondo Invesco DB US Dollar Index (UUP) alcista

Un ETF de divisas ofrece a los inversores exposición a una divisa específica simplemente comprando un ETF en lugar de acceder a los mercados de divisas (forex). Los inversores pueden acceder a algunas de las divisas más negociadas del mundo, como el dólar estadounidense, el euro, la libra esterlina, el franco suizo y el yen japonés, entre otras. Estos ETFs son los más adecuados para los inversores avanzados que pueden estar buscando una forma de cubrir la exposición a una moneda específica en sus otras inversiones o simplemente para hacer una apuesta direccional sobre el valor de una moneda.

Rentabilidad alcista del fondo Invesco DB US Dollar Index:

- **Rendimiento en 2020:** -6,6 por ciento
- **Rendimiento histórico (anual durante 5 años):** 0,6 por ciento
- **Ratio de gasto:** 0,76%.

Algunos de los ETFs de divisas más populares son Invesco CurrencyShares Euro Trust (FXE) e Invesco CurrencyShares Swiss Franc Trust (FXF).

Los mejores ETFs inmobiliarios (ETF REITs)

Vanguard Real Estate ETF (VNQ)

Los ETFs inmobiliarios suelen centrarse en la tenencia de valores clasificados como REITs o fondos de inversión inmobiliaria. Los REIT son una forma económica de tener una participación en empresas que poseen y gestionan bienes inmuebles, y los REIT operan en muchos sectores del mercado, como el residencial, el comercial, el industrial, los hoteles, las torres de telefonía móvil, los edificios médicos y otros. Los REITs suelen pagar importantes dividendos, que luego se trasladan a los titulares de los ETFs. Estos pagos hacen que los REIT y los ETF de REIT sean especialmente populares entre quienes necesitan ingresos, en particular los jubilados. Los mejores ETFs de REITs maximizan la rentabilidad de los dividendos, ya que éstos son la principal razón para invertir en ellos.

Rendimiento del ETF inmobiliario de Vanguard:

- **Rendimiento en 2020:** -4,6 por ciento
- **Rendimiento histórico (anual durante 5 años):** 7,1%.
- **Ratio de gasto:** 0,12%.

Algunos de los ETFs inmobiliarios más populares son también iShare US Real Estate ETF (IYR) y Schwab US REIT ETF (SCHH).

Los mejores ETF de volatilidad

Futuros a corto plazo iPath Series B S&P 500 VIX (VXX)

Los ETFs incluso permiten a los inversores apostar por la volatilidad del mercado de valores a través de los llamados ETFs de volatilidad. La volatilidad se mide mediante el índice de volatilidad CBOE, comúnmente conocido como VIX. La volatilidad suele aumentar cuando el mercado está a la baja y los inversores se sienten incómodos, por lo que un ETF de volatilidad puede ser una forma de cubrir su inversión en el mercado, ayudando a protegerla. Debido a su estructura, son más adecuados para los operadores que buscan movimientos a corto plazo en el mercado, no para los inversores a largo plazo que buscan beneficiarse de un aumento de la volatilidad.

Rendimiento de los futuros a corto plazo iPath Series B S&P 500 VIX:

- **Rendimiento en 2020:** 11,0 por ciento
- **Rendimiento histórico (anual durante 3 años):** -41,0%.
- **Tasa de gasto:** 0,89%.

Algunos de los ETFs de volatilidad más populares son el ProShares VIX Mid-Term Futures ETF (VIXM) y el ProShares VIX Short-Term Futures ETF (SVXY).

Los mejores ETFs apalancados

ProShares UltraPro QQQ (TQQ)

Un ETF apalancado aumenta su valor más rápidamente que el índice al que sigue y un ETF apalancado puede aspirar a una ganancia dos o incluso tres veces superior a la rentabilidad diaria de su índice. Por ejemplo, un ETF con triple apalancamiento basado en el S&P 500 aumentaría un 3% en un día en el que el índice aumentara un 1%. Un ETF con doble apalancamiento tendría como objetivo una doble rentabilidad. Debido a la forma en que están estructurados los ETFs apalancados, son más adecuados para los operadores que buscan rendimientos a corto plazo sobre el índice objetivo en pocos días, que para los inversores a largo plazo.

Rendimiento del ETF ProShares UltraPro QQQ:

- **Rendimiento en 2020:** 110%.
- **Rendimiento histórico (anual durante 5 años):** 72,5%.
- **Ratio de gasto:** 0,95 por ciento

Algunos de los ETF apalancados más populares son también ProShares Ultra QQQ (QLD), Direxion Daily Semiconductor Bull 3x Shares (SOXL) y ProShares Ultra S&P 500 (SSO).

Los mejores ETFs inversos

ProShares Short S&P 500 ETF (SH)

Los ETFs inversos aumentan su valor cuando el mercado cae y permiten a los inversores comprar un fondo que replica inversamente un índice específico como el S&P 500 o el Nasdaq 100. Estos ETFs pueden tener como objetivo el rendimiento inverso exacto del índice, o pueden tratar de ofrecer dos o tres veces el rendimiento, como un ETF apalancado. Por ejemplo, si el S&P 500 cayó un 2% en un día, un triple inverso debería subir alrededor de un 6% ese día. Debido a su estructura, los ETF inversos son más adecuados para los operadores que buscan aprovechar las caídas a corto plazo de un índice.

Rendimiento del ETF ProShares Short S&P 500:

- **Rendimiento en 2020:** -25,1 por ciento
- **Rentabilidad histórica (anual en 5 años):** -16,8%.
- **Ratio de gasto:** 0,90 por ciento

Algunos de los ETFs inversos más populares son también ProShares UltraPro Short QQQ (SQQ) y ProShares UltraShort S&P 500 (SDS).

Cómo funcionan los ETFs

Un fondo cotizado es un fondo de inversión que se negocia en una bolsa. Los ETFs pueden mantener posiciones en muchos activos diferentes, incluyendo acciones, bonos y a veces materias primas.

Los ETF suelen replicar un índice específico, como el Standard & Poor's 500 o el Nasdaq 100, lo que significa que mantienen posiciones en las empresas del índice con las mismas ponderaciones relativas en el mismo.

Así, al comprar una acción del ETF, un inversor compra efectivamente una (pequeña) parte de todos los activos del fondo.

Los ETF suelen centrarse en un conjunto específico de valores. Un fondo del índice S&P 500 es uno de los temas más populares, pero los temas también incluyen acciones de valor o de crecimiento, acciones que pagan dividendos, inversiones basadas en países, tecnologías disruptivas, sectores específicos como la tecnología de la información o la atención sanitaria, varios vencimientos de bonos (a corto, medio y largo) y muchos otros.

La rentabilidad del ETF depende de las inversiones que tenga. Si las inversiones van bien, el precio del ETF aumentará. Si las inversiones van mal, el precio del ETF disminuirá.

Por la gestión de un ETF, la sociedad de fondos cobra una comisión denominada ratio de gastos. El ratio de gastos es el porcentaje anual de su inversión total en el fondo. Por ejemplo, un ETF puede cobrar una comisión del 0,12%. Esto significa que, anualmente, un inversor pagaría 12 euros por cada 10.000 euros invertidos en el fondo. Los ETF de bajo coste son muy populares entre los inversores.

¿Cuánto cuestan?

Los fondos cotizados (ETF) son similares a los fondos de inversión, salvo que se negocian intradía como las acciones. Aunque los ETFs pueden ser relativamente baratos, invertir en ellos incluye algunos costes.

El más obvio es el **coeficiente de gastos de explotación (OER)**, en el que se incurre durante la propiedad del ETF. Sin embargo, **los costes de negociación** también son importantes: las **comisiones** (si se aplican), los **diferenciales entre oferta y demanda,** y los cambios en los **descuentos y las primas** en relación con el valor liquidativo (NAV) de un ETF afectarán al coste total de la propiedad.

Gastos de explotación

Los ETF son populares entre los inversores por diversas razones, pero los inversores suelen encontrar más atractivos los menores gastos de explotación. La mayoría de los ETF tienen unos gastos especialmente bajos en comparación con los fondos de inversión de gestión activa y, en menor medida, con los fondos de inversión indexados de gestión pasiva.

Los gastos de los ETFs se expresan generalmente en términos de **ratio de gastos operativos** (OER) de un fondo. El coeficiente de gastos es una tasa anual que el fondo (no su agente de bolsa) cobra sobre el total de activos que posee para pagar la gestión de la cartera, la administración y otros costes.

Como gasto continuo, el REA es relevante para todos los inversores, pero especialmente para los que compran y mantienen a largo plazo.

Al elegir entre dos o más ETFs que siguen el mismo índice de mercado (o índices similares), asegúrese de comparar sus ratios de gastos entre otros factores. Varios emisores de ETFs han lanzado recientemente versiones más bajas de sus fondos más populares.

Costes de las comisiones

A diferencia de otras inversiones, muchos inversores pueden operar con ETFs en línea sin comisiones. Por tanto, **los costes de las comisiones** no son tan importantes como en el pasado. No obstante, le recomendamos que consulte con su agente los costes de las comisiones, que pueden oscilar entre 0 y 25 euros o más (las comisiones suelen ser más elevadas si se negocia en persona o por teléfono).

En los casos en los que pague comisiones por operar con ETFs, tenga en cuenta estos dos puntos:

- Cuanto más frecuente sea la operación, más pagará en total la comisión.
- Dado que las comisiones suelen ser una tarifa fija, no importa lo grande o pequeña que sea la transacción, el coste porcentual por transacción será mayor para las transacciones más pequeñas y menor para las más grandes. Por ejemplo, una comisión de 5 euros en una transacción de 500 euros representa una comisión bastante grande del 1%, mientras que la misma comisión pagada en una transacción de 5.000 euros representa una comisión del 0,1%.

Diferencia entre oferta y demanda

Aunque las comisiones y los coeficientes de gastos son sencillos, los inversores en ETF suelen pasar por alto un tercer coste: el **diferencial entre la oferta y la demanda.**

La demanda es el precio de mercado al que se puede comprar un ETF y la oferta es el precio de mercado al que se puede vender el mismo ETF. La diferencia entre estos dos precios se conoce comúnmente como el diferencial de compra/venta.

Puede considerar el diferencial entre la oferta y la demanda como un coste de transacción similar a las comisiones, con la diferencia de que el diferencial está integrado en el precio de mercado y se paga en cada compra y venta de ida y vuelta. Por lo tanto, cuanto más alto sea el diferencial y más frecuentemente se opere, más relevante será este coste.

Los tres factores principales que impulsan los diferenciales entre oferta y demanda son:

- La ampliación de la competencia entre los creadores de mercado
- La liquidez de los activos subyacentes del ETF
- Costes de gestión del inventario de los creadores de mercado

Comparación

Comparemos los costes de dos hipotéticos ETFs suponiendo una compra de 10.000 euros.

Costes	**ETF A**	**ETF B**
Comisión (sólo transacciones en línea)	$ 0	$ 0
Ratio de gasto	0,20% (€ 20)	0,15% (€ 15)
Diferencia entre oferta y demanda	0,004% (€ 0,40)	0,11% (€ 11)
Coste total (coste de ida y vuelta después de un año)	0,204% (€ 20,40)	0,26% (€26)

A primera vista, parecería que el ETF B es menos caro debido a su menor ratio de gastos.

Sin embargo, al examinar más detenidamente los diferenciales de compra y venta, se descubre que el ETF B tiene un diferencial mucho mayor que el ETF A. Esto le indica que en una operación de ida y vuelta, se estima que perderá más de su inversión en el ETF B que en el ETF A debido a la diferencia de diferencial.

A pesar de su mayor ratio de gastos, el ETF A parece tener un coste más bajo suponiendo que se mantiene cada ETF durante un año, se pagan cero comisiones y todos los demás costes permanecen constantes.

Además, el diferencial de 0,004% del ETF A también indica que probablemente tiene un mayor volumen de negociación que el ETF B, lo que también podría hacer que el ETF A fuera preferible por razones de liquidez.

Descuentos y premios en NAV

El último coste *potencial* (y quizás el menos comprendido) proviene de los cambios en los descuentos y las primas con respecto al valor liquidativo durante el periodo en que se mantiene un ETF. Este coste potencial se diferencia de los demás porque puede ser un factor positivo en la rentabilidad global, es decir, puede aumentar la rentabilidad en lugar de reducirla.

Se dice que un ETF cotiza con **prima** cuando su precio de mercado es superior a su valor liquidativo: en pocas palabras, se está pagando un poco más por el ETF de lo que realmente valen sus participaciones. Se dice que un ETF cotiza con **descuento** cuando su precio de mercado es inferior a su valor liquidativo, es decir, que usted está comprando el ETF por menos del valor de sus participaciones.

Por ejemplo, imaginemos un ETF que cotiza en el mercado a 30 euros por acción. Si las acciones individuales del ETF sólo valen 29,90 euros por acción del fondo, el ETF cotiza con una prima del 0,33%. Por el contrario, si las acciones del ETF valen 30,25 euros por unidad del fondo, el ETF cotiza con un descuento del 0,83%.

En general, la mayoría de los ETF tienen pequeños descuentos y primas. Cuando se producen diferencias sustanciales en los precios de los ETF, los grandes inversores institucionales (denominados participantes autorizados) suelen ayudar al mercado a autocorregirse intentando beneficiarse de las operaciones de arbitraje que sirven para alinear mejor el precio de mercado de un ETF y el valor liquidativo.

Para ilustrar este punto, supongamos que un ETF se negocia con una prima del 1% sobre el NAV. Un participante autorizado podría intentar adquirir esta prima comprando simultáneamente una cesta de valores subyacentes seguidos por el ETF, intercambiando la cesta de valores por acciones del ETF y vendiendo las acciones en el mercado abierto.

Este proceso de intercambio de cestas de valores en un índice por acciones del ETF se denomina **mecanismo de creación/reembolso en especie, razón por la cual** las primas y descuentos de los ETF suelen autocorregirse.

Las desviaciones del valor liquidativo crean oportunidades de beneficio para los participantes autorizados. Al realizar operaciones de arbitraje, ayudan a alinear mejor el precio de mercado del ETF con su valor liquidativo.

En el caso de un ETF que cotiza con prima, por ejemplo, los participantes autorizados que venden acciones del ETF de nueva creación aumentan la oferta en el mercado, lo que contribuye a reducir el precio del ETF más cerca de su valor liquidativo.

Cuando los valores que componen el índice que sigue un ETF se cotizan fácilmente porque muchas órdenes de compra y venta se realizan en una bolsa centralizada, "crear" una cesta de valores para replicar el índice es relativamente sencillo.

Por consiguiente, los ETF que siguen mercados muy negociados y de gran liquidez, como la renta variable estadounidense y europea, suelen mostrar sólo pequeñas primas o descuentos. Un buen ejemplo es un ETF que sigue al S&P

500 y cuyo precio de mercado no puede desviarse más de un 0,20% de su valor liquidativo.

Sin embargo, los ETF que replican mercados menos líquidos, como los bonos de alto rendimiento, las materias primas o los mercados emergentes, pueden mostrar diferencias del 1% o más, normalmente debido a la falta de liquidez, pero a veces por factores más complejos.

Puede averiguar si un ETF está cotizando con prima o descuento comprobando su rendimiento mediante las cotizaciones del ETF, donde puede encontrar la prima o el descuento como porcentaje del valor liquidativo del cierre del día anterior.

Recuerde que lo más importante es la *variación del* descuento o la prima. Además, estos cambios no siempre son necesariamente un freno para el rendimiento: el efecto puede ser positivo o negativo en función de cómo se mueva el descuento o la prima entre una compra y la siguiente venta.

Por ejemplo, si un ETF de bonos internacionales cotiza con una prima bastante persistente del 0,6% respecto al valor liquidativo y usted compra y vende el ETF con la misma prima, su rentabilidad no se verá afectada.

El riesgo viene cuando esa prima se erosiona o incluso se convierte en un descuento durante el tiempo que se posee. En nuestro ejemplo, si compró el ETF mientras cotizaba con una prima del 0,6% pero lo vendió mientras cotizaba con un descuento del 0,4%, el cambio durante el viaje de ida y vuelta le costaría un 1%.

Aunque la realización de pequeñas ganancias o pérdidas por las posibles variaciones en los descuentos y primas puede ser aceptable en muchos casos, y tal vez incluso inevitable en el caso de algunos ETF, la cuestión principal es ser consciente de los riesgos que conlleva y tener un propósito cuando se negocian ETF que pueden tener descuentos y primas excesivamente altos o volátiles en relación con el valor liquidativo.

Los inversores también deben saber que algunos productos de inversión (como los pagarés cotizados (ETN) y los fondos cerrados) también se negocian intradía como las acciones y los ETF. Sin embargo, como estos productos no tienen el proceso completo de creación y reembolso en especie que utilizan los ETF, los descuentos y las primas pueden ser más problemáticos.

Estrategia de la cartera: largo plazo frente a la negociación activa

Su estrategia de cartera influye en gran medida en el efecto neto de las comisiones, los gastos de explotación, los diferenciales de compra/venta y las posibles variaciones de las primas y descuentos sobre el valor liquidativo.

En la tabla siguiente, estimamos el coste hipotético de la propiedad para un inversor que compra y mantiene a largo plazo y para un inversor activo que invierte en el mismo ETF.

Costes totales estimados de la ETF durante un año

Descripción de los costes e hipótesis	**Inversor a largo plazo, comprar y mantener**	**Inversor activo**
Promedio de transacciones por año (10.000 euros por transacción)	2 (1 ida y vuelta)	60 (30 de vuelta)
Tasas (sólo transacciones en línea)	€ 0	€ 0
Diferencia entre oferta y demanda (rendimiento medio del 0,15%)	€15	€ 450
Gastos de explotación (0,18% anual sobre un saldo de 10.000 euros)	18 euros (la ETF se celebra todos los días del año)	9 euros (ETF retenida la mitad de los días del año)
Cambios en los descuentos/primas	€ 0	€ 0
Total	€ 33	€459

Cuanto más se negocia, más importantes son las comisiones y los diferenciales de compra y venta, ya que se paga por cada viaje de ida y vuelta. Por otro lado, cuanto más tiempo se mantenga una posición en los ETFs, más importante es el ratio de gastos, ya que se trata de una comisión de gestión recurrente que se paga al fondo mientras se posee el ETF.

Los descuentos y las primas sobre el valor liquidativo pueden perjudicar o impulsar la rentabilidad en función de su evolución durante el periodo en el que se mantiene el ETF.

En conclusión, los inversores deben recordar que el coste total de propiedad de un ETF es una combinación de sus gastos de funcionamiento y de los costes de negociación. Su estrategia de inversión y los ETF específicos que seleccione para su cartera pueden suponer una gran diferencia en el coste total.

La comisión estándar de 0 euros en línea no se aplica a las operaciones realizadas directamente en un mercado de divisas, en el mercado canadiense o estadounidense, a los fondos de inversión con comisión, a los futuros o a las inversiones de renta fija. Las operaciones de opciones estarán sujetas a la comisión estándar de 0,65 euros por contrato. Los gastos de servicio se aplican a las operaciones ejecutadas a través de un corredor (25 euros) o por teléfono automatizado (5 euros). Se siguen aplicando las comisiones por el proceso de canje, el ADR y el préstamo de acciones.

Los inversores particulares, las grandes instituciones y las empresas que les prestan servicios no se cansan de los fondos cotizados (ETF). Estos valores combinan la diversidad de un fondo de inversión con la flexibilidad y la fijación de precios minuto a minuto (o, en realidad, segundo a segundo) de una acción.

Un ETF se refiere a una lista de valores y su valor refleja el valor de los valores que posee. Aunque esta configuración es similar a la de un fondo de inversión, los ETF permiten una diversidad y una facilidad de uso para los inversores individuales e institucionales que son únicas. Y, en su mayoría, son más baratos.

Un fondo cotizado en bolsa es una colección de docenas o incluso cientos de valores, como acciones o bonos, que permite al inversor acceder a varios mercados con sólo pulsar un botón. Aunque pueda parecer similar a un fondo de inversión, una gran diferencia es que los ETF se negocian en las bolsas, mientras que los fondos de inversión se negocian una vez al día, después del cierre de los mercados.

En diciembre de 2020, había más de 6 billones de euros de activos invertidos en ETFs y productos relacionados, con más de 500.000 millones de euros de dinero nuevo invertido en ellos el año pasado. Algunos de los mayores ETF reflejan amplias franjas del mercado en su conjunto, de forma similar a los fondos de inversión indexados.

Los ETF pueden reflejar el criterio de los gestores de carteras o las fórmulas que las empresas de inversión diseñan para seleccionar acciones u otros activos con determinadas características que tengan sentido en una cartera. También hay ETF de materias primas y ETF apalancados que pueden amplificar las ganancias o las pérdidas.

Cuando se trata de comparar un ETF con otro o de comparar los ETF con otras inversiones comparables, siempre es bueno tener una idea de las comisiones del ETF.

Para recapitular:

¿Cómo se calculan las comisiones del ETF?

A la hora de calcular el coste de poseer un ETF, el inversor debe tener en cuenta no sólo las comisiones de gestión y los coeficientes de gastos, sino también las tasas asociadas a la negociación del ETF, como la comisión de un corredor. Dado que suelen ser gestionados de forma pasiva y se basan en índices de mercado, los ETFs suelen tener unas comisiones generales bajas en comparación con los fondos de inversión.

Comisiones de gestión de los ETFs

Los ETFs implican comisiones de gestión, que suelen cubrir el trabajo técnico e intelectual que supone la selección y gestión de los recursos en un ETF.

Cuando se consultan las comisiones de un determinado ETF, éstas se muestran como un porcentaje de los activos diarios del ETF. Una ventaja de muchos ETF que se refleja en sus bajas comisiones de gestión es la ausencia de lo que se conoce como "riesgo de gestión", es decir, las posibles pérdidas que se pueden producir si una persona o grupo de personas clave deja de participar en ese fondo concreto.

El ratio de gastos del ETF

El importe total de las comisiones de un ETF se conoce como ratio de gastos o ratio de gastos del ETF. Los ETFs suelen tener un ratio de gastos de entre el 0,05% y el 1% aproximadamente.

Un inversor puede determinar el coeficiente de gastos dividiendo los gastos de inversión anuales entre el valor total del fondo, aunque el coeficiente de gastos también suele encontrarse en la página web del fondo. Conocer el ratio de gastos ayudará al inversor a saber exactamente cuánto dinero gastará cada año para invertir en un ETF.

Por ejemplo, si un inversor invierte 1.000 euros en un ETF con un ratio de gastos del 0,2%, pagará 20 euros en comisiones cada año.

Tarifas del ETF

Una de las ventajas de los ETFs es que puede negociar con ellos como con cualquier otro activo que compre o venda en la bolsa, como una acción o un bono. Pero, al igual que ocurre con este tipo de activos, los inversores pueden cobrar una comisión cuando compran y venden ETFs.

Algunos corredores ya no cobran comisiones o ofrecen específicamente ETFs sin comisiones. Pero la disponibilidad de los mismos depende tanto del "patrocinador" de los ETF como del corredor o plataforma que se utilice para comprar y vender los fondos.

¿Cómo se deducen las comisiones de la ETF?

Las comisiones de los ETF se calculan como un porcentaje del valor liquidativo del ETF, promediado a lo largo de un año. Estas comisiones del ETF no se pagan directamente: no se extiende un cheque al patrocinador del ETF para pagar las comisiones de gestión. En su lugar, se deducen del Valor Liquidativo del propio fondo, tomados directamente de los rendimientos que de otro modo podrían ir a parar al inversor.

La SEC ofrece un ejemplo de la importancia de las comisiones: "Si un inversor invirtiera 10.000 euros en un fondo que produjera una rentabilidad anual del 5% antes de gastos y tuviera unos gastos operativos anuales del 1,5%, al cabo de 20 años el inversor podría tener unos 19.612 euros. Pero si el fondo tuviera unos gastos de sólo el 0,5%, el inversor acabaría con 24.002 euros, una diferencia del 23%.

Comisiones de los ETF y de los fondos de inversión

Una ventaja de las comisiones que tienen los ETFs sobre los fondos de inversión es que los ETFs no tienen una comisión inicial. Se trata de un gasto asociado a la venta de fondos de inversión que incentiva a los corredores a vender uno sobre el otro.

En general, tanto las comisiones de los ETF como las de los fondos de inversión han disminuido en los últimos años, ya que los inversores se decantan por estrategias más pasivas y los proveedores de fondos de inversión compiten por ofrecer la inversión más barata.

Dicho esto, aunque hay excepciones, los ETFs tienden a ser más pasivos y, por lo tanto, tienen menos fondos. También carecen de algunos de los costes de venta asociados a los fondos de inversión y a su intenso aparato de comercialización.

Si un ETF sigue un índice, los compradores pueden comparar fácilmente un fondo de un proveedor con otro y seleccionar el que tenga la comisión más baja. Este proceso puede reducir las comisiones y los gastos de gestión, ya que los proveedores compiten por el negocio.

Lo que hay que llevar

Las comisiones de los ETF pueden ser relativamente bajas en comparación con las de los fondos de inversión, pero, como ocurre con cualquier comisión de inversión, es bueno conocer los posibles costes de antemano. Conocer el ratio de gastos de un ETF puede ayudar mucho a un inversor a entender los costes totales de invertir en el fondo.

¿Cuáles son las ventajas y desventajas de los fondos de inversión?

Debido a la gestión pasiva de los ETF, las comisiones son bajas y la rotación de los valores es escasa, lo que (al igual que los fondos de inversión indexados) se traduce en bajos impuestos sobre las plusvalías.

¿DEBE UN INVERSOR INVERTIR EN VALORES INDIVIDUALES O UTILIZAR FONDOS O ETFS?

La diversificación lograda por los fondos de inversión, los fondos cerrados y los ETFs minimiza el efecto de cualquier pérdida inesperada de los valores y bonos individuales de una cartera. Además, los gestores profesionales de los fondos de inversión y de los fondos cerrados pueden tener un acceso más rápido a la información sobre las diferentes cuestiones y pueden reaccionar antes a la hora de comprar o vender los valores en cuestión. Los ETF son similares a los fondos indexados y no se gestionan activamente.

Para los inversores dispuestos a gestionar sus carteras, hay un argumento de peso para comprar valores individuales en fondos de inversión. Las tasas de rendimiento de los valores individuales tienen el potencial de ser más altas que las obtenidas por los fondos de inversión. Esta afirmación también es cierta en el caso de los fondos sin carga, porque además de las comisiones de venta, otras comisiones, como la 12(b)-1 y las de explotación, reducen la rentabilidad de los fondos de inversión. Al invertir en valores individuales, se evitan estas comisiones. Los ETF suelen tener comisiones de gestión más bajas que los fondos de inversión. Sin embargo, se cobran comisiones por la compra y venta de valores individuales, ETFs y fondos cerrados.

Ventajas e inconvenientes de invertir en ETFs

Los ETF tienen similitudes con los fondos de inversión abiertos, los fondos indexados y los fondos cerrados. Conocer las ventajas e inconvenientes de los ETF le ayudará a determinar qué tipo de inversión se adapta mejor a sus necesidades.

Los ETF ofrecen diversificación (similar a los fondos de inversión), pero se negocian como las acciones. Aunque los precios de las acciones de los ETF que siguen diferentes índices fluctúan cuando los mercados son volátiles, el efecto de las fluctuaciones en cada uno de los índices puede ser más atenuado que en una cartera de valores individuales.

Los ETFs cobran bajas comisiones y suelen ser eficientes desde el punto de vista fiscal en la gestión de estos valores, por lo que son similares a los fondos indexados. (Algunos ETFs recientemente introducidos han aumentado sus comisiones, lo que sugiere que los inversores deberían comprobar las comisiones cobradas antes de invertir).

Los ETFs se compran y venden a través de los brokers, como cualquier otro valor en el mercado con cotizaciones en tiempo real durante el día. Los fondos de inversión sólo pueden negociarse una vez al día a sus precios de cierre.

Los inversores no necesitan grandes cantidades de dinero para comprar ETFs, lo que les proporciona una amplia exposición a un índice de mercado, un sector del mercado o un país extranjero.

La desventaja de los ETF es que los inversores incurren en comisiones por la compra y venta de acciones, mientras que los fondos de inversión sin carga no cobran comisiones de transacción por la compra o venta de acciones. Estos costes de transacción para comprar ETFs hacen que no sea rentable para los inversores que suelen invertir pequeñas cantidades de dinero de forma frecuente.

Los ETFs sectoriales pueden estar demasiado concentrados en sus sectores para compartir las ganancias de los mismos. En 2006, el sector de las telecomunicaciones obtuvo grandes rendimientos que no fueron compartidos por algunos de los ETF del sector de las telecomunicaciones.

Si tiene una pequeña cantidad de dinero para invertir, los fondos de inversión y los ETF son mejores alternativas. Una inversión de 2.000 euros en un fondo de acciones adquiere una fracción de una cartera diversificada de acciones, mientras que en el caso de las acciones individuales, esta cantidad sólo permite comprar las acciones de una sociedad anónima. Invertir en fondos de inversión es una buena estrategia si no tiene suficiente dinero para diversificar sus inversiones y no tiene el tiempo, las habilidades o la inclinación para seleccionar y gestionar acciones individuales. Además, una serie de fondos le da la oportunidad de invertir en los tipos de valores que serían difíciles de comprar individualmente. Los inversores en ETFs no se ven obstaculizados por los importes mínimos de inversión establecidos por los fondos de inversión. Los inversores pueden comprar una sola acción en un ETF.

Características de los valores individuales en comparación con los fondos de inversión, los fondos cerrados y los ETF

	Títulos individuales	**Fondos de inversión**	**Fondos cerrados**	**ETF**
Diversificación	Sólo se consigue si se compra un gran número de títulos	Se consigue con una pequeña inversión.	Se consigue con una pequeña inversión.	Se consigue con una pequeña inversión.
Facilidad de compra y venta	Facilidad para comprar y vender acciones a precios en tiempo real durante la jornada de negociación. Es más difícil comprar bonos.	Facilidad para comprar y vender acciones. La negociación sólo tiene lugar al precio de cierre al final del día.	Facilidad para comprar y vender fondos cerrados líquidos.	Facilidad para comprar y vender ETFs a precios en tiempo real durante el día.
Gestión profesional	No	sí	sí	Replica un índice de mercado.
Gastos y costes de compra y venta	Gastos de intermediación en la compra y venta.	Gastos de bajos a altos, según el fondo.	Gastos de bajos a altos, según el fondo.	Gastos de intermediación en la compra y venta y bajas comisiones.
Planificación fiscal	Es más fácil prever los ingresos y planificar las ganancias y pérdidas de capital.	Puede alterar una cuidadosa planificación fiscal debido a la imprevisibilidad de las	Puede alterar una cuidadosa planificación fiscal debido a la imprevisibilidad de las	Más eficiente desde el punto de vista fiscal que los fondos de inversión.

	distribuciones de ingresos y las ganancias de capital.	distribuciones de ingresos y las ganancias de capital.

Diversificación instantánea

En la actualidad hay cientos de ETF que se negocian en las bolsas. La variedad es amplia y profunda y abarca todos los principales índices, sectores, industrias, tamaños (es decir, large cap, mid cap, small cap, micro cap, etc.), estrategias (es decir, crecimiento, valor, etc.), internacionales (es decir, mercados desarrollados, emergentes y fronterizos), específicos de cada país e incluso ETFs exóticos (es decir, materias primas, fondos cortos o bajistas y fondos apalancados).

También hay muchos ETFs en el área de ingresos. Los ETFs de bonos incluyen diferentes plazos (largo, medio, corto, etc.), varios niveles de calidad (tesoro, corporativo, alto rendimiento, etc.) y regiones (Europa, Estados Unidos, países individuales, mercados emergentes, etc.).

Liquidez

Los ETFs se negocian en bolsa de tal manera que pueden ser negociados (intradía) en cualquier momento de la negociación de las acciones, no sólo al final del día. Esto puede ser una ventaja importante cuando la volatilidad es alta.

Eficiencia fiscal

Dado que la mayoría de los ETF no se gestionan de forma activa, sino que están programados para seguir un índice específico, no pueden tener elevadas plusvalías e ingresos que deban repercutirse a sus propietarios cada año. Esto significa que los inversores tienen más control sobre cuándo tienen que pagar impuestos.

Inversiones del sector

Un ETF puede segmentarse en sectores muy concretos o específicos de la economía. Esto permite a los inversores tener una posición diversificada en una pequeña porción de un sector al que quieren estar expuestos.

Se puede comprar en pequeñas cantidades

Dado que los ETFs se negocian como las acciones, el dimensionamiento de las posiciones tiene ventajas. Se pueden comprar pequeñas posiciones (sin inversión mínima) para aumentar o disminuir una posición, o tomar una única y pequeña posición en un determinado ETF.

Disponible en Inversiones Alternativas

Los ETF permiten a los inversores tomar posiciones en inversiones alternativas o incluso exóticas que no están disponibles de ninguna otra forma para los pequeños inversores. Los nuevos productos están disponibles regularmente e incluyen ETFs de materias primas, coberturas y posiciones largas y cortas apalancadas en índices y sectores.

Los fondos cotizados (ETF) son muy populares entre los inversores hoy en día. Estos vehículos de inversión son similares a los fondos indexados, salvo que se negocian como acciones en el mercado de valores. Estas son las ventajas e inconvenientes de invertir en ETFs

Ventajas

1. Comodidad: invertir en ETFs es tan fácil como invertir en acciones. Sólo tiene que comprar una como lo haría con cualquier acción normal.

2. Comisiones bajas. Al igual que los fondos indexados, los ETFs tienen bajas comisiones. La comisión de gestión se sitúa en torno al 0,1% en el caso de los seguidores del S&P 500, como IVV y SPY. Las comisiones de gestión son más elevadas en el caso de los ETF más exóticos, como el ETF del índice Russell 2000 (IWN) y el ETF de mercados emergentes de Vanguard (VWO).

3. Eficiencia fiscal. No hay ganancias/pérdidas de capital imprevistas cuando se compra un ETF. Venda cuando le resulte más lógico desde el punto de vista fiscal.

Desventajas

1. La comodidad. La facilidad para comprar/vender un ETF significa que podría vender un ETF cuando más tarde pensara que tendría que mantenerlo. Por supuesto, una buena disciplina de inversión evitará esta desventaja.

2. Los diferenciales del mercado. Si está comprando un ETF poco común, el diferencial entre la oferta y la demanda puede ser bastante significativo. Esto puede evitarse si se invierte en los principales ETF.

3. Desventajas del fondo indexado. Como obtiene las ventajas de un fondo indexado (como las bajas comisiones), también obtiene la mayoría de las

desventajas. Dado que un ETF sigue ciegamente un índice, significa que posee acciones que podrían no gustarle y que están en ese índice.

¿Cuántos tipos hay?

Los fondos negociados en bolsa han revolucionado el sector de la inversión, ya que facilitan a los inversores la exposición a la más amplia gama de inversiones. Con los miles de ETF disponibles, puede ser muy difícil para los inversores averiguar qué tipos de ETF son los mejores para sus carteras. Los siguientes tipos de ETFs son los más comunes y probablemente encontrará los fondos que busca dentro de estas categorías:

- ETFs de mercados amplios;
- ETFs sectoriales;
- ETFs de dividendos;
- ETFs basados en estilos;
- ETFs de materias primas;
- ETFs de divisas; y
- ETFs de bonos.

ETFs de mercados amplios para una exposición completa al mercado

Los ETF más grandes y populares son los de mercados amplios. Siguen índices que cubren la totalidad o la mayor parte del mercado de valores. El mejor ejemplo es el **SPDR S&P 500** (NYSEMKT:SPY), que es el mayor ETF y replica el índice S&P 500 de acciones estadounidenses.

Puede encontrar ETFs de mercados amplios que cubren una variedad de índices diferentes. Algunos ETFs de mercados amplios ofrecen exposición a todo el mercado de renta variable mundial al tiempo que se centran en un tamaño concreto de empresa o región geográfica. Los ETFs de mercados amplios más baratos se encuentran entre las inversiones menos costosas disponibles y funcionan bien como una solución completa de asignación de activos.

ETFs sectoriales para inversiones en sectores específicos

Los ETFs sectoriales le permiten invertir en acciones de un sector concreto del mercado. El grupo de ETFs del Sector SPDR divide el mercado en 10 sectores diferentes, pero hay otros grupos de ETFs que utilizan diferentes clasificaciones que pueden incluir sectores específicos.

La ventaja de los ETFs sectoriales es que pueden ofrecerle una exposición pura a un sector especialmente interesante. Los ETFs de mercados amplios tendrán una pequeña fracción asignada a cada sector, pero cuando el sector que usted elija lo esté haciendo especialmente bien, los ETFs sectoriales le permitirán beneficiarse plenamente sin que sus rendimientos se vean diluidos por los valores de menor rendimiento.

ETFs de dividendos para obtener ingresos sólidos

Los ETF de dividendos se centran en valores que pagan dividendos, con el objetivo de pagar unos ingresos corrientes sustanciales a los inversores. Sin embargo, hay varios enfoques que los ETF de dividendos pueden adoptar para lograr este objetivo.

Algunos ETF de dividendos tratan de maximizar el rendimiento actual, lo que se traduce en una distribución máxima de los ingresos. Otros eligen los valores no sólo en función del rendimiento, sino también de su historial de crecimiento constante de los dividendos. Los ETFs que siguen estas dos estrategias pueden ver sus rendimientos muy variados entre sí, por lo que es importante saber qué tipo de ETF de dividendos está buscando y cuál se adapta mejor a su estilo de inversión.

ETFs de estilo para inversores en crecimiento o valor

Muchos inversores se identifican por centrarse en acciones de crecimiento o de valor. Algunos ETFs dividen los índices bursátiles más populares en dos partes, una de ellas dedicada a los valores de crecimiento y la otra a los de valor.

Puede encontrar ETFs basados en estilos para todo tipo de valores, desde empresas nacionales grandes, medianas o pequeñas hasta valores internacionales de todos los tamaños y regiones del mundo. Los dos estilos van de un lado a otro, desvaneciéndose en su rendimiento relativo, pero ambos pueden ser formas eficaces de invertir.

ETFs de materias primas para obtener rendimientos no correlacionados

Los ETF de materias primas ofrecen exposición a los mercados de materias primas, que pueden proporcionar rendimientos que no están necesariamente vinculados a los del mercado de valores. Esto puede ser útil para los inversores que buscan una verdadera diversificación entre clases de activos. La mayoría de los ETF de materias primas utilizan futuros u otros derivados para exponerse a sus respectivos mercados, mientras que algunos compran realmente la propia materia prima física, y cada acción representa una cantidad correspondiente de la misma.

Debido a su uso de derivados, muchos ETF de materias primas pueden requerir conocer los caprichos de los mercados de futuros para evitar escollos. Quienes poseen activos físicos incurren en costes que erosionan lentamente su valor. Sin embargo, para muchos vale la pena obtener un tipo diferente de exposición a los activos.

ETFs de divisas para la exposición al cambio de divisas

Al igual que los ETFs de materias primas, los ETFs de divisas están diseñados para permitirle beneficiarse de los movimientos en los valores de las monedas extranjeras frente al dólar estadounidense o el euro. Muchos ETF de divisas tienen convenciones por las que una acción del ETF corresponde al valor de una cantidad determinada de una moneda extranjera concreta. Otros siguen referencias amplias de los movimientos de las divisas, como el índice del dólar estadounidense.

Puede utilizar los ETF de divisas para cubrir la exposición personal en cosas como un viaje de vacaciones o para protegerse contra los movimientos adversos de las divisas de las empresas clave de su cartera. Imitando efectivamente una inversión en efectivo en una moneda extranjera, los ETFs de divisas pueden actuar de forma muy parecida al efectivo en una estrategia de asignación de activos, con un alejamiento de la exposición extranjera.

ETFs de renta fija

Por último, los ETF de bonos ofrecen a los inversores una exposición al mercado de bonos. Puede encontrar ETFs de bonos de mercado amplio que cubren todo el mercado o ETFs de sectores de bonos que se centran en tipos particulares de bonos, como las letras del Tesoro, la deuda corporativa o los bonos soberanos internacionales de naciones extranjeras.

En el caso de los ETF de bonos, hay que saber si el fondo se centra en un vencimiento concreto o si renueva los bonos que vencen para comprar otros nuevos. Los riesgos de los tipos de interés son diferentes para cada uno de estos dos tipos de fondos, por lo que es fundamental adaptar el ETF a sus necesidades particulares.

Cómo construir una cartera de ETFs

3 formas de crear una cartera de ETFs

El uso de fondos cotizados (ETF) para cubrir las carencias de una cartera de inversión tiene muchas ventajas, y muchos inversores combinan y emparejan los ETF con fondos de inversión y acciones y bonos individuales en sus cuentas. Pero también es posible construir una cartera completa con nada más que ETFs, que en la mayoría de los casos replican índices. En este capítulo, analizaremos las ventajas y los inconvenientes de una cartera exclusivamente de ETFs con índices. (Aunque existen ETFs de gestión activa, en este capítulo una cartera de todos los ETFs se refiere específicamente al uso de ETFs de índices solamente).

¿Cómo saber si una cartera totalmente de ETFs tiene sentido para usted? En su mayor parte, depende de cuáles sean sus objetivos y preferencias. Por regla general, los ETFs ofrecen una excelente diversificación con un bajo ratio de gastos corrientes (OER) porque muchos son fondos pasivos que replican un índice de referencia concreto. Por esta razón, suelen ofrecer transparencia: es fácil ver qué acciones, bonos u otras inversiones tiene el ETF cada día. Si estas son las principales características que busca en sus inversiones, poseer nada más que ETFs puede ser una solución simple pero flexible que vale la pena analizar.

Hay que sopesar algunas compensaciones. Una cartera exclusivamente de ETFs supone renunciar a los fondos de inversión de gestión activa, que tienen el potencial de superar a los ETFs indexados mediante una selección profesional de acciones y bonos. También renunciará al control que conlleva una cartera formada únicamente por valores individuales que usted ha seleccionado. Algunas personas no querrán renunciar a estas cosas, aunque estos enfoques también tienen sus propias desventajas.

Una cartera de fondos de inversión indexados, por su parte, sería muy similar a una cartera compuesta exclusivamente por ETFs con dos excepciones principales: los ETFs cotizan de forma diferente a los fondos de inversión indexados y, para algunas clases de activos nicho, es posible encontrar ETFs pero pocos o ningún fondo de inversión indexado.

Pros y contras de cuatro tipos de carteras comparadas entre sí

Cartera	Profesionales	Contra
Fondos de inversión de gestión activa	• Gestión activa profesional • Potencial para superar al mercado • Bien diversificado entre los distintos títulos • Más opciones de fondos	• Mayor gasto corriente • Posible bajo rendimiento • Menos transparente • Aumento de la rotación de la cartera
Fondos de inversión indexados	• Bien diversificado entre los distintos títulos • Gastos corrientes generalmente bajos • Tratar de igualar el rendimiento del índice (menos las comisiones y los gastos)	• Selección limitada en determinadas clases de activos • No hay gestión activa • No hay potencial para batir el índice
Cartera de ETFs de todos los índices	• Muy bien diversificado entre los distintos títulos • Gastos corrientes generalmente bajos • Opciones de nicho disponibles si se desea • Transparencia al final del día • Flexibilidad comercial	• No hay gestión activa • No hay potencial para batir el índice

	• Tratar de igualar el rendimiento del índice (menos las comisiones y los gastos)	
Acciones y bonos individuales	• Sin gastos de funcionamiento • Máximo control • Transparencia total	• Mayores costes de transacción • La diversificación puede ser más difícil • No hay gestión profesional • Algunos tipos de bonos pueden tener poca liquidez (para bonos individuales)

Si cree que una cartera de todos los ETFs puede ser adecuada para usted, aquí tiene tres formas de crearla, que van desde las más sencillas hasta las más precisas.

1. Muy sencillo

Una opción que podría considerar sería utilizar dos ETF para ayudar a proporcionar una cartera equilibrada y diversificada de acciones y bonos:

- Un ETF total sobre la bolsa mundial
- Un ETF para todo el mercado de bonos

Por ejemplo, si usted es un inversor que busca un riesgo moderado y decide que quiere el 60% de su cartera en acciones y el 40% en bonos, podría considerar la compra de un ETF de índices de acciones de todos los países y luego combinarlo con un ETF de bonos.

Los ETF de renta variable mundial pueden replicar un índice como el Morgan Stanley Capital International All Country World Index^{SM} (MSCI ACWI), que ofrece exposición a la renta variable estadounidense, a la renta variable internacional de mercados desarrollados y a la renta variable internacional de mercados emergentes.

Algunos ETF de bonos replican el amplio índice Bloomberg Barclays US Aggregate Bond, que cubre:

- Bonos del Tesoro
- Bonos de agencias gubernamentales
- Bonos hipotecarios
- Bonos corporativos con grado de inversión
- Algunos bonos internacionales denominados en euros o dólares

La ventaja de este tipo de cartera es su simplicidad: un fondo de renta variable y otro de renta fija. Será fácil ver cuándo es necesario reequilibrar. Además, dado que los ETF se negocian intradía y suelen costar parte del diferencial entre la oferta y la demanda cada vez que usted compra o vende, una cartera de dos ETF puede ayudarle a mantener bajos sus costes de negociación.

Una de las desventajas de esta cartera es que no está muy bien montada. Por ejemplo, a 31 de marzo de 2021, el MSCI ACWI tenía alrededor de un 58% de acciones estadounidenses y un 42% de acciones no estadounidenses, según Morgan Stanley Capital International. Si uno prefiere tener una mayor asignación a la renta variable estadounidense, por ejemplo, podría querer dos ETF de renta variable distintos.

Otra desventaja de esta cartera es que no tiene ninguna asignación a los Valores Protegidos contra la Inflación del Tesoro (TIPS), a los bonos de grado inferior a la inversión (también conocidos como bonos de alto rendimiento o bonos basura) y a los bonos internacionales no denominados en dólares, por no mencionar otras clases de activos como las materias primas y los bienes inmuebles. Las clases de activos adicionales pueden ayudar a diversificar aún más su cartera. Sin embargo, si lo que busca es la simplicidad, la cartera de dos ETFs puede ser una alternativa que vale la pena considerar.

2. En medio de la carretera

Una aproximación intermedia a una cartera de todos los ETFs podría consistir en unos 10 ETFs.

Para las acciones, puede tener:

- Un ETF de gran capitalización Eur
- Un ETF de pequeña capitalización estadounidense
- Un ETF internacional sobre mercados desarrollados
- Un ETF sobre mercados emergentes

En el caso de los bonos, podría empezar con el mismo ETF de bonos básicos descrito anteriormente y diversificar aún más incluyendo ETFs que inviertan en:

- SUGERENCIAS
- Bonos de grado inferior a la inversión ("high yield" o "junk")
- Bonos internacionales

La ventaja de esta cartera es que puede ayudar a proporcionar equilibrio. Tiene suficientes ETFs para darle cobertura a múltiples clases de activos y la capacidad de ajustar las ponderaciones de su cartera en la mayoría de las áreas, pero no tantos fondos como para que sea demasiado difícil seguirlos. El inconveniente de esta cartera es que no ofrece ni la máxima simplicidad ni la máxima personalización.

3. Optimizado

En el otro lado del espectro de una cartera de ETFs ultra simple está una cartera optimizada con 20 o más ETFs. Este tipo de cartera puede tener sentido para los inversores que desean asignar sus cuentas exactamente a las partes del mercado que esperan que se comporten mejor.

Esta cartera comienza de forma similar a la cartera media de ETFs, pero luego divide las distintas partes en rodajas más finas:

- Los valores de gran capitalización pueden dividirse en sectores como el financiero y el sanitario, o incluso en sectores más limitados como el bancario y el biotecnológico.
- La asignación de acciones puede subdividirse para incluir acciones de mediana o microcapitalización o estilos como el crecimiento y el valor.
- La asignación de valores internacionales puede modificarse para incluir valores internacionales de pequeña capitalización en regiones como Europa y Asia o países individuales como Alemania y China.

El índice de bonos básicos puede desglosarse en sus componentes:

- Tesoro
- Bonos garantizados por agencias
- Valores respaldados por hipotecas
- Bonos de empresa

El vencimiento medio de los bonos en la cartera puede ajustarse para incluir más bonos a largo plazo o bonos a corto plazo.

Los ETFs de materias primas pueden añadirse a las carteras y dividirse en pequeñas porciones como:

- Aceite
- Oro
- Materias primas agrícolas
- Metales comunes

Los ETFs inmobiliarios pueden añadirse a la cartera y también podrían dividirse en EUR, US y global.

Con la cartera optimizada, es poco probable que quiera mantener todos los ETF posibles al mismo tiempo. Por ejemplo, en lugar de mantener asignaciones a los 11 sectores de renta variable y a todos los países posibles, probablemente tendría asignaciones importantes a determinados ETF y, por tanto, añadiría peso a los ETF que representen únicamente a los sectores o países que parezcan más atractivos.

La ventaja de esta cartera es la posibilidad de obtener casi exactamente la exposición que se desea en cada estrecho segmento del mercado, al tiempo que se disfruta de la diversificación que ofrecen los ETF con respecto a las acciones y bonos individuales.

Las desventajas son la complejidad y los costes comerciales. Con tantos ETFs en su cartera, es importante poder hacer un seguimiento de lo que posee en todo momento. Podría perder fácilmente la pista de su asignación total a la renta variable si mantiene 13 ETF de renta variable diferentes en lugar de uno o incluso cinco. Además, con tantos ETF en su cartera y relativamente más compras y ventas, el impacto de los diferenciales de compra y venta podría aumentar rápidamente.

Los inversores invierten en ETFs por sus bajos costes.

Montar una cartera de ETFs puede ser una experiencia desconcertante debido a la amplia gama de opciones disponibles.

Aunque algunos ETF son gestionados activamente por gestores de inversiones, la gran mayoría tratan de igualar índices que replican un índice concreto (como el S&P 500). Esto reduce significativamente los costes, uno de los principales factores que influyen en el rendimiento neto. Y la mayoría de los ETF suelen tener gastos más bajos que muchos fondos indexados. A diferencia de los fondos de inversión indexados, los ETF se negocian en una bolsa, al igual que las acciones, y pueden comprarse o venderse durante la jornada de negociación.

La mejor manera de montar una cartera de ETFs es la misma que cualquier otro tipo de inversión: preste mucha atención a sus objetivos, tolerancia al riesgo y asignación de activos.

Tenga en cuenta estos cinco puntos a la hora de montar su cartera de ETFs:

Los costes son cruciales. El objetivo de comprar ETFs es mantener los gastos bajos para aumentar la rentabilidad neta (el dinero antes de impuestos que se gana después de los costes). En general, los ETF suelen ser más baratos que los fondos indexados, pero sus gastos varían mucho. El ratio de gastos medio de los ETFs es de aproximadamente el 0,44%, lo que significa que una inversión en el fondo de 1.000 euros le costará 4,40 euros al año. (En cambio, el fondo indexado medio cobra alrededor del 0,74%). Hay muchos ETF de alto rendimiento con ratios de gastos inferiores al 0,10%, es decir, 1 euro al año por cada 1.000 euros. Sin embargo, incluso algunos ETFs pasivos tienen gastos anuales muy superiores al 1 o 2%. Los principales proveedores de ETF, como Vanguard, iShares, Barclays y SPDR, muestran los coeficientes de gastos en sus sitios web y algunos ofrecen herramientas para comparar ETF y fondos de diferentes empresas que muestran los coeficientes de gastos, los precios de las acciones, los rendimientos recientes y otras estadísticas vitales.

Tenga en cuenta que los gastos deben evaluarse en relación con la clase de activos concreta que esté considerando. Por ejemplo, los coeficientes de gastos de los ETF de mercados emergentes suelen ser más elevados que los de los nacionales.

El tamaño es importante. Evite los ETF con valores de activos bajos, ya que es mucho más probable que se cierren que los grandes. Los fondos pequeños suelen cobrar más porque sus gastos en relación con sus activos totales son más elevados. Un fondo con menos de 100 millones de euros gestionados tiene más probabilidades de fusionarse con otros o cerrar y devolverle su dinero.

Los dividendos también cuentan. Las principales compañías de ETFs le permiten reinvertir sus dividendos (en acciones adicionales de los fondos que los producen) o tomarlos en efectivo. Si toma efectivo, puede complementar sus ingresos con cheques de dividendos (generalmente) trimestrales. Los ETFs suelen enumerar los pagos de dividendos por acción y la rentabilidad de los dividendos, el dividendo anual en efectivo por acción dividido por el precio de la acción del ETF. Si la página web de la empresa no indica la rentabilidad por dividendos, hay otras que sí lo hacen.

Preste atención a los ETF de bonos. Los rendimientos de las inversiones son bajos en los países desarrollados, especialmente en los bonos. Los tipos de interés de los bonos corporativos y gubernamentales están influenciados por los tipos vigentes, que en estos momentos son del 0% o menos en Japón y partes de Europa, lo que empuja a los bancos a cobrar intereses a los depositantes para que conserven su dinero.

Evite los bonos a largo plazo. Ahora es un buen momento para evitar los bonos a largo plazo (10 años o más) porque la inflación podría erosionar sus rendimientos y se espera que los tipos de interés suban desde estos mínimos. Si los tenedores de bonos a largo plazo intentan vender antes del vencimiento, el mercado podría castigarlos porque las nuevas emisiones de bonos podrían pagar tipos más altos que reflejen los nuevos tipos de interés vigentes.

¿Cuántos ETFs necesita para crear una cartera? Depende de los que elijas, pero si te limitas a los ETFs de mercados amplios, un puñado o incluso menos podría ser suficiente. Alguien de entre 30 y 40 años que pueda tolerar una buena cantidad de riesgo (porque tiene décadas de inversión por delante para compensar cualquier déficit) podría considerar una cartera de ETFs como ésta:

- S&P 500 ETF: 50% de la cartera
- ETFs sobre acciones extranjeras de países desarrollados: 10%.
- ETFs de mercados emergentes: 10%.

- ETF de bonos estadounidenses: 20 por ciento
- Mercados monetarios o bonos a corto plazo: 10%.

Por supuesto, se puede utilizar una variedad casi infinita de combinaciones de ETFs para montar una cartera equilibrada. Un asesor financiero puede ayudarle a tomar estas decisiones. También puede utilizar uno de los muchos analizadores de inversiones de carteras de fondos en línea.

Teniendo en cuenta estos aspectos básicos, puede montar una cartera de ETFs diseñada para aumentar el precio de las acciones y, si lo desea, los dividendos en efectivo para complementar sus ingresos.

Cuáles son los más adecuados para usted

Los ETFs son geniales. Pero, ¿cómo elegir el más adecuado para nosotros?

Con tantos ETFs en el mercado hoy en día, y más lanzamientos cada año, puede ser difícil determinar qué producto funcionará mejor en su cartera. ¿Cómo evalúa el panorama de los ETFs, en constante expansión?

Empezar con lo que está en el punto de referencia

A mucha gente le gusta centrarse en el ratio de gastos del ETF, o en sus activos bajo gestión, o en su emisor. Todas estas cosas son importantes. Pero para nosotros, lo más importante de un ETF es su índice subyacente.

Estamos condicionados a creer que todos los índices son iguales. Un buen ejemplo es el S&P 500 y el Russell 1000. ¿Cuál es la diferencia?

La respuesta es que no mucho. Por supuesto, el Russell 1000 tiene el doble de valores que el S&P 500. Pero en un periodo determinado, los dos se comportarán de forma similar.

Pero en la mayoría de los demás casos, los índices son realmente importantes. El Promedio Industrial Dow Jones contiene 30 valores y no se parece ni se comporta como el S&P 500. Un popular ETF chino sigue un índice que es 50% financiero; otro sigue un índice sin ningún dato financiero.

Una de las cosas buenas de los ETFs es que (en su mayoría) revelan sus participaciones diariamente. Así que tómese el tiempo de mirar con atención y ver si los desgloses de las participaciones, el sector y el país tienen sentido. ¿Coinciden con la asignación de activos que tiene en mente?

Preste especial atención no sólo a las acciones o bonos que posee un ETF, sino también a su ponderación. Algunos índices ponderan sus participaciones de forma más o menos equitativa, mientras que otros permiten que uno o dos grandes nombres lleven el peso.

El primer paso para seleccionar un ETF es definir el segmento de mercado, es decir, el tipo de activo que se quiere comprar. Puede elegir ETFs que se centren en clases de activos como los ETFs de renta variable, de renta fija y de materias primas, y estas opciones suelen producir resultados diferentes.

Por lo tanto, los inversores pueden afinar su enfoque dentro de cada clase de activos. Por ejemplo, los valores suelen diferenciarse por zona geográfica (región, país o bolsa), por capitalización bursátil (empresas grandes, medianas o pequeñas) o por sector económico, como el tecnológico o el energético.

Los inversores también podrían perseguir temas de inversión específicos, como los vehículos eléctricos, la inteligencia artificial o el auge de los consumidores milenarios.

ETFs sostenibles

Dentro del mismo segmento de mercado, las empresas podrían diferenciarse por sus credenciales éticas percibidas: por ejemplo, los ETF "sostenibles" podrían centrarse en cuestiones específicas, como las empresas con bajos niveles de uso de agua o de emisiones de carbono. Como alternativa, los fondos sostenibles podrían simplemente excluir los valores con características indeseables, como los grandes contaminantes, de los índices de referencia bursátiles más amplios.

Sin embargo, los inversores que se centran en estas medidas deben examinar cuidadosamente las políticas de inversión y las carteras de fondos, ya que una misma empresa puede ser considerada con una puntuación medioambiental, social y de gobernanza muy alta por un proveedor de índices y muy baja por otro. El fabricante de coches eléctricos Tesla y General Motors, su rival más tradicional, son llamativos ejemplos de esta falta de consenso.

ETFs de bonos

Los ETF de bonos suelen filtrarse por tipo de emisor (corporativo o gubernamental), por calificación crediticia (grado de inversión o alto rendimiento) o por fecha de vencimiento. Los inversores pueden restringir aún más el enfoque de la exposición considerando tipos específicos de valores subyacentes, como los bonos convertibles (en los que el rendimiento vendrá determinado, en parte, por los movimientos del precio de las acciones de la empresa) o los bonos de tipo flotante, que ofrecen a los inversores protección contra el aumento de la inflación.

Estrategia de inversión

Los inversores también tienen a su alcance una gama cada vez más amplia de posibles enfoques de inversión.

Tradicionalmente, los ETFs eran vehículos puramente pasivos que trataban de replicar el rendimiento de un índice de mercado subyacente.

Pero ahora hay un pequeño, pero rápidamente creciente, ejército de fondos de gestión activa que intentan superar a su índice de referencia.

Un concepto distinto, el de "beta inteligente", está a caballo entre los enfoques de inversión activa y pasiva. En este caso, un fondo trata de construir una cartera desequilibrada en base a uno o más "factores" que se han correlacionado históricamente con un rendimiento superior, como el valor, la generación de dividendos, el impulso, el tamaño pequeño o la baja volatilidad.

Sin embargo, las participaciones individuales se seleccionan y ponderan según una fórmula predeterminada, en lugar de ser elegidas activamente por el gestor del fondo. Como siempre ocurre con las inversiones, existe un animado debate sobre la eficacia de los enfoques de smart beta.

Consideraciones prácticas

Dependiendo de dónde cotice, un producto puede simplemente no estar disponible para un inversor o el coste de la negociación del ETF puede ser excesivamente alto.

Además, los gestores de fondos pueden ofrecer a menudo múltiples clases de acciones de ETFs por lo demás idénticos con diferentes políticas de dividendos o cupones. Se trata de un factor importante que hay que tener en cuenta, ya que puede influir significativamente en la rentabilidad a largo plazo de los inversores.

La acumulación de clases de acciones reinvierte los pagos de dividendos y cupones mediante la compra de más acciones y bonos, mientras que la distribución de clases de acciones transfiere estos pagos a los inversores como un flujo de ingresos normal. Este flujo de ingresos suele tributar a un tipo diferente al de las ganancias de capital.

Riesgo de tipo de cambio

Los inversores también deben tener en cuenta la moneda de la clase de acciones. La posesión de una clase de acciones denominada en una moneda extranjera someterá naturalmente a los inversores a posibles movimientos negativos del tipo de cambio.

En otras palabras, el precio del ETF en la moneda nacional del inversor fluctuará con los movimientos de las divisas, lo que puede provocar pérdidas que no están correlacionadas con el rendimiento de los activos subyacentes. Aunque las ganancias de divisas son igualmente probables, esta discrepancia monetaria puede inyectar cierta volatilidad no deseada.

Los emisores de ETFs suelen ofrecer clases de acciones con cobertura que permiten a los inversores protegerse contra este riesgo. En este escenario, el rendimiento de la inversión se alineará con el de los activos subyacentes, pero el coste de la cobertura reducirá gradualmente la rentabilidad a largo plazo.

Las mejores estrategias para ganar dinero con los etfs

Un operador que quiera ganar constantemente en los fondos cotizados puede ganar mucho a largo plazo empleando algunas técnicas básicas de lectura de gráficos empleadas por los inversores experimentados en acciones de crecimiento.

Técnica nº 1: Cronometrar el mercado

Si le gusta operar con índices de acciones de base amplia, puede refinar su compra y venta del Nasdaq QQQ Trust (QQQ), SPDR S&P 500 (SPY) y SPDR Dow Jones industrial (DIA) ETFs que replican el Nasdaq 100 utilizando la herramienta IBD ETF Market Strategy.

Las señales de compra se activan cuando, tras una importante corrección del mercado, al menos uno de los principales índices de referencia del mercado sube un 1,2% o más en un volumen mayor que en la sesión anterior en el cuarto día de un nuevo intento de subida o de uno posterior. El IBD denomina seguimiento a este tipo de ganancia significativa en un volumen de negocio mayor. Todos los grandes fondos de mercado que se remontan a la década de 1900 comenzaron de esta manera.

En algunos casos, el IBD notará un seguimiento cuando la ganancia del Nasdaq Composite o del S&P 500 sea inferior al 1,2%.

El seguimiento no garantiza que se vaya a producir un gran repunte, pero es la primera señal que puede recibir un inversor de que los grandes fondos de inversión están empezando a acumular seriamente nuevas posiciones en acciones. Y es importante controlar cuándo los grandes inversores cambian su comportamiento. ¿Por qué? Suelen seguir comprando durante meses o años, alimentando así las ganancias de sus inversiones en acciones y ETF.

El seguimiento del 30 de junio de 2016 fue único porque se produjo en el tercer día de un nuevo intento de rally. En esa sesión, el S&P 500 ganó un 1,4% y el Nasdaq Composite un 1,3%. El volumen aumentó ese día tanto en el Nasdaq como en la Bolsa de Nueva York (la estadística de volumen de negocio utilizada para analizar la salud del S&P 500). Ese día, el SPY terminó la sesión al alza en 209,48; el QQQ cerró en 107,54.

Desde entonces, ambos ETFs han ganado más del 30%. Utilice la estrategia de mercado del ETF para determinar cuándo vender la mitad de su posición y cuándo pasar a ser 100% efectivo.

Técnica nº 2: Atrapar los ETFs cuando suben, no cuando bajan

¿Cuáles son algunas herramientas excelentes que puede utilizar para beneficiarse de los movimientos oportunos en los ETFs sectoriales, ya sean industriales o geográficos? Los gráficos, tanto diarios como semanales, le ayudan a identificar cuándo tiene una alta probabilidad de realizar una inversión con la máxima rentabilidad y el mínimo riesgo.

¿Una de las claves para minimizar el riesgo? Reducir las pérdidas tanto en acciones como en ETFs. No dejes que una inversión se agriete con una pérdida de más del 7% u 8%. Esta es la regla de oro. Haga esto siempre y no sólo evitará estar emocionalmente invertido en una acción, sino que también conservará su capital para operar o invertir de nuevo.

Esto, en esencia, es lo que define una ruptura. Una acción, después de una buena racha, se toma un descanso. Pero en lugar de caer bruscamente, devuelve parte de su avance anterior. Se forma una base. El mercado es estable. Y entonces, en algún momento, la acción rompe y rápidamente alcanza nuevos máximos.

Un ETF líder puede recompensar a los inversores de forma similar. Considere el Global X Lithium ETF (LIT): ofrece a los inversores un vehículo asequible para invertir en empresas que se benefician de la creciente demanda de este metal, que se utiliza en baterías de alto rendimiento que almacenan energía para los coches eléctricos y otra maquinaria.

En el IBD Weekly de la semana del 11 de julio de 2016, LIT fue uno de los 26 ETFs destacados en una tabla justo debajo del ETF Leaders Index. La puntuación de la fuerza del precio relativo es una de las mejores de la lista, con 88 puntos.

Mientras tanto, el gráfico semanal de LIT le habría ayudado a detectar varios puntos de compra excelentes.

¿La primera? En julio de 2016, la LIT estaba lista para un descanso. Ya había pasado de 17,03 a principios de ese año a un máximo de 52 semanas de 25,95, una ganancia del 52%. No es de extrañar, pues, que el ETF lleve meses moviéndose lateralmente.

Pero tras las elecciones estadounidenses del 8 de noviembre, la LIT estaba dispuesta a rebelarse. A finales de año, había completado una base de seis meses. Tras el Año Nuevo, el LIT rompió en la semana que terminó el 13 de enero, subiendo un 4% hasta los 26,08 y superando el punto de compra de 25,91. El punto de compra es 10 centavos por encima del precio más alto dentro del mango.

Obsérvese cómo los inversores se precipitaron hacia las acciones de Global X Lithium. El volumen aumentó un 229% con respecto a la media de 10 semanas y fue significativamente superior al de la semana anterior.

Esta acción de precio y volumen fue alcista. Para el experimentado operador de ETFs fue un fuerte indicio de que los elementos del mercado -es decir, los grandes asesores de inversión, los fondos de cobertura, los bancos, las pensiones, los fondos universitarios y similares- estaban ansiosos por cargar.

Técnica nº 3: encontrar la salida correcta

Las reglas de venta defensiva son igualmente importantes en la negociación de ETFs.

En el IBD Weekly publicado para la semana del 9 de enero de este año, la tabla de líderes de ETFs mostraba al SPDR S&P Oil & Gas Equipment & Services (XES) en la cima. En aquel momento, este fondo contaba con una calificación RS de 86. Terminó su cotización el 6 de enero a 23,72, con una ganancia semanal del 6,1%.

Los buenos tiempos de enero no duraron para XES.

Después de unas semanas de navegación, el XES se deslizó hacia abajo como un kart con las ruedas engrasadas. Del 26 de enero al 30 de enero, el fondo cayó un 1% o más en tres sesiones bursátiles consecutivas, llegando a perder un 8,5%. En esa tercera sesión, XES también cerró un poco por debajo de su media móvil de 50 días, cerca de 22,24.

¿Nota cómo el volumen aumentó un 93% por encima de la media en ese tercer día negativo?

XES trató de recuperarse. Ganó terreno en tres de las cuatro sesiones siguientes, pero nunca estuvo cerca de recuperar su máximo de 52 semanas. Cuando el ETF volvió a caer bruscamente a través de la línea de 50 días, era el momento de vender.

El 17 de agosto, XES cerró el día a las 12:96, un 42% menos que el cierre del 30 de enero.

8 estrategias de inversión en ETF para mejorar su cartera

Tanto si busca un enfoque de inversión pasivo como activo, estos vehículos de inversión asequibles y flexibles ofrecen opciones estratégicas adecuadas para la mayoría de los inversores.

He aquí algunas formas de sacar el máximo partido a una cartera basada en ETFs.

Los inversores inteligentes se mantienen al tanto de las estrategias de inversión para mejorar los rendimientos y reducir los riesgos. Estas son algunas de las estrategias de inversión en ETF que podría probar en 2021/22 para refrescar su cartera y adaptarse a los nuevos tiempos.

1. Estrategia pasiva

Dado que los ETFs mantienen una cesta de valores, es fácil reunir una cartera diversificada, incluso una que refleje todo el mercado mundial sin ninguna gestión activa. Puede elegir unos cuantos ETF que, combinados, cubran las categorías básicas de asignación de activos de pequeña, mediana y gran capitalización, crecimiento y valor, mercados internacionales y emergentes, y bonos. O puede seleccionar sólo dos fondos, como el Vanguard Total World Stock ETF (VT) y el Vanguard Total Bond Market ETF (BND), que reflejan el mercado bursátil mundial y el mercado de renta fija estadounidense, respectivamente, incluyendo todas las clases de activos.

2. Coste medio en euros/dólares

El promediado de costes en euros/dólares es una estrategia a largo plazo que puede utilizarse con todo tipo de inversiones, incluidos los ETF. La clave es la coherencia. La premisa es que usted invierte la misma cantidad de dinero en la misma fecha cada semana o mes, comprando acciones al precio que sea.

Cuando el precio es bajo, obtienes más acciones por tu dinero. Cuando sea más alto, tendrá menos existencias. Es una estrategia que, con el tiempo, le ayudará a comprar más cuando esté barato y menos cuando esté caro, que es el objetivo de invertir en primer lugar.

3. Inversiones de baja volatilidad

Incluso cuando el mercado está generalmente en una trayectoria ascendente, algunos inversores no pueden soportar los altibajos diarios de los mercados. Las inversiones con baja volatilidad tienden a no tener las mismas fluctuaciones de precios que el mercado en su conjunto. Algunos ETFs tienen valores específicamente seleccionados para ser de baja volatilidad, como el ETF iShares Edge MSCI Min Vol USA (USMV), mientras que otros ETFs utilizan una estrategia de cobertura para minimizar la volatilidad manteniendo valores que tienden a ser estables tanto en mercados alcistas como bajistas.

4. Estrategias de negociación

Al igual que las acciones, los ETF pueden negociarse durante el día en las principales bolsas para intentar batir los rendimientos del mercado. El day trading implica un alto volumen de operaciones muy rápidas en un solo día. En cambio, los operadores de swing adoptan una posición algo más larga, de un par de días a una semana o más. Los operadores utilizan el análisis técnico, observando los precios pasados, las tendencias y los gráficos, o pueden utilizar el análisis fundamental, como las noticias del mercado de valores o el uso de datos económicos y financieros para determinar el valor intrínseco de la inversión. Tenga siempre en cuenta los costes de las transacciones cuando realice operaciones a corto plazo y comprenda los numerosos riesgos asociados antes de lanzarse.

5. Estrategia sectorial

Una de las ventajas de los ETFs es su capacidad única de invertir en sectores enteros de la economía que muestran potencial. El riesgo de una estrategia sectorial es que algunas empresas del sector pueden tener mejores resultados que otras. Sin embargo, los ETFs pueden ayudarle a cubrir sus apuestas, ya que le permiten invertir en muchas empresas del mismo sector. Por ejemplo, puede elegir un ETF que incluya sólo valores sanitarios o uno que invierta únicamente en empresas de servicios financieros. Los inversores sectoriales también pueden realizar ventas en corto cuando creen que un sector concreto está a punto de caer.

6. ETFs de bonos para generar ingresos

Los inversores que se acercan a la jubilación suelen buscar una estrategia que produzca ingresos sin mucho riesgo. Los ETFs de bonos pueden servir bien para este propósito. Puede comprar varios ETFs que incluyan cada uno un tipo diferente de bono, como bonos del Tesoro a largo o corto plazo, bonos corporativos o bonos municipales. O puede elegir un único ETF que incluya todos estos tipos de bonos. Añada un fondo de dividendos de renta variable de alto rendimiento y creará una cartera diversificada de ETFs que producen ingresos. Sólo hay que alejarse de los bonos más arriesgados, los llamados bonos basura, que tienen altos niveles de volatilidad.

7. Estrategia de negociación apalancada

Los ETFs apalancados e inversos ofrecen la oportunidad de obtener enormes rendimientos a través de los derivados financieros y los títulos de deuda, pero, como cualquier estrategia especulativa, también pueden generar enormes pérdidas. El ProShares Ultra Standard & Poor's 500 Index ETF, por ejemplo, ofrece el doble de rentabilidad diaria que el S&P 500. Es estupendo que el índice suba, pero los rendimientos negativos también se duplican, de modo que una caída del 1% del índice se traduce en una caída del 2% para su inversión. Si se combina este riesgo con las elevadas comisiones de gestión, estas inversiones volátiles no son para los débiles de corazón.

8. Estrategia Robo-Advisor

Este enfoque de la inversión, que consiste en "fijarlo y olvidarlo", funciona bien para algunos inversores. Un robo-advisor es un programa que gestiona su dinero basándose en algoritmos informáticos que se modifican en función de sus objetivos y su tolerancia al riesgo. La mayoría de los robo-asesores utilizan una cartera compuesta por un conjunto diversificado de ETFs, reinvirtiendo los dividendos y reequilibrando la cartera para que se mantenga en línea con los ratios recomendados.

Las comisiones suelen ser bajas porque todo está automatizado. Schwab Intelligent Portfolios, por ejemplo, no cobra comisiones de gestión, pero exige una inversión mínima de 5.000 euros. La oferta básica de WiseBanyan es gratuita con un requisito de inversión mínima de sólo 1 euro.

Sea cual sea la estrategia de inversión en ETF que elija, asegúrese de comprender los riesgos y las comisiones que pagará. No todas las estrategias de los ETFs son adecuadas para todo el mundo, especialmente si está interesado en invertir para principiantes, por lo que sólo debe utilizar las estrategias con las que se sienta cómodo.

Veamos otras metodologías

Estas estrategias de inversión pueden ayudarle a aplicar eficazmente sus puntos de vista sobre la inversión y a maximizar el rendimiento de la cartera. Cada estrategia se presenta en función de la necesidad de inversión y pretende ser una ilustración real y la oportunidad que existe.

La inversión Smart Beta o basada en factores se ha convertido en una palabra de moda en el sector, pero ha sido una estrategia utilizada por las instituciones desde la década de 1970. Se define como cualquier metodología de ponderación que se inclina hacia un factor específico. Las metodologías pueden ir desde estrategias basadas en reglas que hacen hincapié en factores específicos como la volatilidad o los dividendos. Las soluciones de beta inteligente ofrecen la flexibilidad de invertir en factores que proporcionan exposiciones específicas y un potencial rendimiento superior a largo plazo.

El conjunto de ETFs smart beta de BMO ofrece exposición al mercado con una cuidadosa construcción de la cartera que puede implementarse como una cartera principal. Las soluciones superiores de beta inteligente de BMO ofrecen las exposiciones a factores adecuadas para ayudar a la construcción eficaz de la cartera. Conozca las estrategias de beta inteligente de los ETFs de BMO:

- Baja volatilidad
- Calidad
- Dividendo
- Igualdad de peso

Objetivo de bajo riesgo y amplia exposición al mercado

El equilibrio entre el riesgo y el rendimiento sigue siendo el núcleo de la construcción de carteras y de la inversión. Especialmente desde la caída del mercado en 2008, los inversores se han vuelto más conscientes de los niveles de riesgo de las carteras, así como de los rendimientos. Se preguntan cuánto riesgo hay en su cartera y cómo afectará a sus rendimientos. Nuestra estrategia de baja volatilidad permite a los inversores aspirar a un nivel de riesgo específico de la cartera inferior al del mercado general.

La historia ha demostrado que los valores menos volátiles o defensivos han superado al mercado en general a largo plazo, ya que los valores menos volátiles pueden beneficiarse de una menor caída durante las correcciones del mercado, mientras siguen subiendo durante los avances del mismo. Además, los valores de baja volatilidad suelen ser más maduros y tener una mayor rentabilidad por dividendo. Por el contrario, los valores con mayor volatilidad obtienen un rendimiento inferior a lo largo del tiempo, ya que los inversores están dispuestos a pagar una prima por "billetes de lotería", valores de alto riesgo y alto rendimiento que a menudo no cumplen las expectativas. Los inversores se han visto atraídos por estos valores, prefiriendo los grandes ganadores a corto plazo a los estables a largo plazo.

Para desarrollar la estrategia de baja volatilidad, nos centramos en la beta de un valor. La beta se define como la sensibilidad del valor a los movimientos del mercado en general, donde al mercado en general se le asigna un valor de 1,00. Una beta más baja, cuando la beta es inferior a 1,00, se considera menos arriesgada que el mercado en general. La beta es una herramienta de construcción de carteras más inteligente que la desviación estándar (la volatilidad de la acción con respecto a sí misma) porque protege mejor a los inversores de los grandes acontecimientos del mercado. Como ilustran los siguientes gráficos, la estrategia de baja volatilidad superó al mercado en general durante periodos de tiempo más largos. La estrategia cayó menos que el mercado en general durante la fuerte corrección de 2008. Por estas razones, la estrategia de baja volatilidad de BMO puede utilizarse como inversión principal a largo plazo o como participación en acciones libres.

Fondos cotizados de BMO

Uno de los factores más atractivos del smart beta es la inversión en calidad. La inversión basada en la calidad se construye para identificar las empresas líderes del mercado, proporcionando acceso a los líderes del sector a largo plazo con modelos de negocio sostenibles y ventajas competitivas crecientes. Estas empresas de calidad han superado históricamente los resultados del mercado en general con una menor volatilidad. Las empresas de calidad están posicionadas para responder a las condiciones positivas del mercado, así como para proporcionar apoyo en los descensos del mercado.

El conjunto de ETFs de calidad de BMO ofrece un enfoque innovador a la hora de invertir, seleccionando empresas con altas puntuaciones de calidad basadas en tres variables clave: alta rentabilidad del capital, crecimiento estable de los beneficios y bajo apalancamiento.

Alto ROE: indica un negocio con ventaja competitiva sostenible, operaciones eficientes y rentabilidad.

Crecimiento estable de los beneficios: demuestra la durabilidad y estabilidad del modelo de negocio de una empresa.

Bajo apalancamiento: determina si los rendimientos se basan en las operaciones subyacentes y protege contra las caídas.

Cada variable en sí misma no es necesariamente un indicador de una empresa de calidad. Por ejemplo, un ROE alto podría ser un pico anormal en un momento determinado o el resultado de un alto apalancamiento. Las tres variables combinadas proporcionan una evaluación más precisa. La metodología no sólo pretende captar el rendimiento de las empresas de alta calidad, sino también garantizar una liquidez comercial razonablemente alta y una rotación de valores moderada, sin dejar de ser asequible. El conjunto de ETFs de calidad de BMO está diseñado para ser una opción de renta variable fundamental que proporciona exposiciones efectivas a lo largo del ciclo de mercado.

- **Alto rendimiento del capital:** empresas que hacen un buen uso del capital
- **Bajo apalancamiento:** protección a la baja, rendimientos basados en las operaciones subyacentes
- **Crecimiento estable de los beneficios:** empresas coherentes con la captación de crecimiento

No todas las estrategias de dividendos son iguales. La estrategia de dividendos de BMO ETF es una solución personalizada que combina un alto rendimiento con un crecimiento sostenible. Identifica los valores con mayor rentabilidad por dividendos examinando tanto la tasa de crecimiento histórico de los dividendos como la sostenibilidad de los mismos. El resultado final es un conjunto de ETFs de dividendos que son soluciones de ingresos clave para los inversores que buscan la diversificación de la cartera y el aumento de los ingresos.

A diferencia de otras estrategias de dividendos que se centran únicamente en la rentabilidad, la estrategia de dividendos de BMO ETF se centra en la sostenibilidad. La primera pantalla de la estrategia de dividendos de BMO ETF es la tasa de crecimiento de los dividendos a tres años. La segunda pantalla es el análisis del ratio de dividendos a cinco años. La elección de centrarse en la tasa de crecimiento de los dividendos a tres años y en el ratio de reparto de dividendos a cinco años es deliberada: estas pantallas son lo suficientemente sensibles para medir las condiciones cambiantes del negocio, pero no reaccionan de forma exagerada a las anomalías a corto plazo. También tienen la ventaja añadida de reducir la rotación global de la cartera.

La tasa de crecimiento de los dividendos a tres años ilustra la voluntad de una empresa de pagar dividendos y hacerlos crecer a lo largo del tiempo. Algo que podría faltar con una medida puramente centrada en el rendimiento. Del mismo modo, la pantalla de sostenibilidad del ratio de pago de dividendos durante los últimos cinco años supervisa el balance a lo largo del tiempo, no sólo en un momento determinado. Mide la capacidad de una empresa para pagar dividendos.

El análisis está ponderado para el año más reciente, combinado con la consideración de las expectativas de futuro del ratio de reparto de dividendos. La volatilidad del ratio de reparto de dividendos también es importante. Por lo general, está influenciado por la volatilidad de los beneficios, ya que el pago de dividendos es más estable. Una mayor volatilidad dará lugar a una mayor probabilidad de que la acción sea excluida.

La estrategia de dividendos de BMO ETF también contempla un programa de recompra de acciones. Esta es una forma fiscalmente eficiente de distribuir el exceso de efectivo en el balance, ya que no genera ingresos para los accionistas. En cambio, crea una presión alcista sobre los precios, reduciendo el free float de las acciones en circulación.

1. Evalúa la disposición a pagar dividendos
2. Mide la capacidad de pagar dividendos
3. Evaluación durante un periodo de tiempo más largo
4. Otras medidas prospectivas
5. Considerando también la volatilidad

La ponderación equitativa es una herramienta poderosa para ayudar a mitigar la concentración de valores y diversificar eficazmente las exposiciones sectoriales. En particular, los sectores tienen concentraciones mucho más altas que los mercados europeos o mundiales. Una estrategia de ponderación equitativa puede eliminar los sesgos introducidos inadvertidamente por la ponderación de la capitalización del mercado y puede proporcionar una exposición más pura al sector o al mercado.

La estrategia de ponderación equitativa de los ETF de BMO es eficaz para las exposiciones concentradas. En determinados momentos, los mercados pueden no ser totalmente eficientes y la estrategia puede ayudar a evitar las burbujas de activos.

Por qué tiene sentido la ponderación equitativa

Al sobreponderar las empresas de pequeña capitalización e infraponderar las de gran capitalización, la estrategia ofrece un potencial de crecimiento adicional para los valores de pequeña capitalización.

Al reequilibrar, la estrategia reduce los valores con mejores resultados hasta alcanzar la misma ponderación, lo que supone un sesgo de valor que pretende aprovechar el crecimiento futuro de los valores con peores resultados.

Tanto las inversiones de pequeña capitalización como las de valor han demostrado históricamente ser más rentables a largo plazo. Un aspecto importante de la estrategia es el control de la rotación de la cartera, que se consigue mediante un reajuste semestral. Esto da lugar a un volumen de negocio comparable a las estrategias de capitalización del mercado.

Objetivo de bajo riesgo y amplia exposición al mercado

El equilibrio entre el riesgo y el rendimiento sigue siendo el núcleo de la construcción de carteras y de la inversión. Especialmente desde la caída del mercado en 2008, los inversores se han vuelto más conscientes de los niveles de riesgo de las carteras, así como de los rendimientos. Se preguntan cuánto riesgo hay en su cartera y cómo afectará a sus rendimientos. Nuestra estrategia de baja volatilidad permite a los inversores aspirar a un nivel de riesgo específico de la cartera inferior al del mercado general.

La historia ha demostrado que los valores menos volátiles o defensivos han superado al mercado en general a largo plazo, ya que los valores menos volátiles pueden beneficiarse de una menor caída durante las correcciones del mercado, mientras siguen subiendo durante los avances del mismo. Además, los valores de baja volatilidad suelen ser más maduros y tener una mayor rentabilidad por dividendo. Por el contrario, los valores con mayor volatilidad obtienen un rendimiento inferior a lo largo del tiempo, ya que los inversores están dispuestos a pagar una prima por "billetes de lotería", valores de alto riesgo y alto rendimiento que a menudo no cumplen las expectativas. Los inversores se han visto atraídos por estos valores, prefiriendo los grandes ganadores a corto plazo a los estables a largo plazo.

Para desarrollar la estrategia de baja volatilidad, nos centramos en la beta de un valor. La beta se define como la sensibilidad del valor a los movimientos del mercado en general, donde al mercado en general se le asigna un valor de 1,00. Una beta más baja, cuando la beta es inferior a 1,00, se considera menos arriesgada que el mercado en general. La beta es una herramienta de construcción de carteras más inteligente que la desviación estándar (la volatilidad del valor con respecto a sí mismo) porque protege mejor a los inversores de los grandes acontecimientos del mercado. La estrategia de baja volatilidad superó al mercado en general durante periodos de tiempo más largos. La estrategia cayó menos que el mercado en general durante la fuerte corrección de 2008. Por estas razones, la estrategia de baja volatilidad de BMO puede utilizarse como una inversión básica a largo plazo o como una tenencia libre de acciones.

Uno de los factores más atractivos del smart beta es la inversión en calidad. La inversión basada en la calidad se construye para identificar las empresas líderes del mercado, proporcionando acceso a los líderes del sector a largo plazo con modelos de negocio sostenibles y ventajas competitivas crecientes. Estas empresas de calidad han superado históricamente los resultados del mercado en general con una menor volatilidad. Las empresas de calidad están posicionadas para responder a las condiciones positivas del mercado, así como para proporcionar apoyo en los descensos del mercado.

El conjunto de ETFs de calidad de BMO ofrece un enfoque innovador a la hora de invertir, seleccionando empresas con altas puntuaciones de calidad basadas en tres variables clave: alta rentabilidad del capital, crecimiento estable de los beneficios y bajo apalancamiento.

Alto ROE: indica un negocio con ventaja competitiva sostenible, operaciones eficientes y rentabilidad.

Crecimiento estable de los beneficios: demuestra la durabilidad y estabilidad del modelo de negocio de una empresa.

Bajo apalancamiento: determina si los rendimientos se basan en las operaciones subyacentes y protege contra las caídas.

Cada variable en sí misma no es necesariamente un indicador de una empresa de calidad. Por ejemplo, un ROE alto podría ser un pico anormal en un momento determinado o el resultado de un alto apalancamiento. Las tres variables combinadas proporcionan una evaluación más precisa. La metodología no sólo pretende captar el rendimiento de las empresas de alta calidad, sino también garantizar una liquidez comercial razonablemente alta y una rotación de valores moderada, sin dejar de ser asequible. El conjunto de ETFs de calidad de BMO está diseñado para ser una opción de renta variable fundamental que proporciona exposiciones efectivas a lo largo del ciclo de mercado.

- **Alto rendimiento del capital:** empresas que hacen un buen uso del capital
- **Bajo apalancamiento:** protección a la baja, rendimientos basados en las operaciones subyacentes
- **Crecimiento estable de los beneficios:** empresas coherentes con la captación de crecimiento

No todas las estrategias de dividendos son iguales. La estrategia de dividendos de BMO ETF es una solución personalizada que combina un alto rendimiento con un crecimiento sostenible. Identifica los valores con mayor rentabilidad por dividendos examinando tanto la tasa de crecimiento histórico de los dividendos como la sostenibilidad de los mismos. El resultado final es un conjunto de ETF de dividendos que son soluciones de ingresos clave para los inversores que buscan la diversificación de la cartera y el aumento de los ingresos.

A diferencia de otras estrategias de dividendos que se centran únicamente en la rentabilidad, la estrategia de dividendos de los ETF de BMO se centra en la sostenibilidad.

La tasa de crecimiento de los dividendos a tres años ilustra la voluntad de una empresa de pagar dividendos y hacerlos crecer a lo largo del tiempo. Algo que podría faltar con una medida puramente centrada en el rendimiento. Del mismo modo, la pantalla de sostenibilidad del ratio de pago de dividendos durante los últimos cinco años supervisa el balance a lo largo del tiempo, no sólo en un momento determinado. Mide la capacidad de una empresa para pagar dividendos.

El análisis está ponderado para el año más reciente, combinado con la consideración de las expectativas de futuro del ratio de reparto de dividendos. La volatilidad del ratio de reparto de dividendos también es importante. Por lo general, está influenciado por la volatilidad de los beneficios, ya que el pago de dividendos es más estable. Una mayor volatilidad dará lugar a una mayor probabilidad de que la acción sea excluida.

Cómo crear activos con etfs - Veamos la práctica

Puede ganar dinero con los fondos cotizados a través de las ganancias de capital y los dividendos. Los precios de las acciones de los ETFs pueden subir, haciendo que el valor del fondo sea más valioso. Además, algunos ETFs pagan distribuciones conocidas como dividendos o pagos en efectivo a los inversores.

Imagine invertir en una cartera bien diversificada con un solo clic. Está ganando dinero con los fondos cotizados y no podría ser más fácil.

Los fondos cotizados son probablemente las formas más fáciles de crear riqueza para los inversores.

Afortunadamente para usted, le mostraré cómo ganar dinero con los ETFs. Te mostraré cómo cobrar, algunos de los mejores ETFs y haré que el proceso sea sencillo. Invertir no tiene por qué ser complicado y los ETF son perfectos para los principiantes.

Es posible ganar dinero con los fondos cotizados. Los ETF son valores que se negocian como acciones en el mercado de valores, pero están más diversificados que las acciones individuales. Es más fácil ganar dinero con un ETF porque no se depende del rendimiento de una acción.

Puede pensar en ello como una forma de eliminar las conjeturas de la inversión. Supongo que a ninguno de nosotros nos enseñaron en la escuela a elegir empresas individuales en las que invertir. Los fondos cotizados en bolsa invierten en múltiples valores para un objetivo específico del fondo.

Cuando elige un solo valor, su rendimiento se basa en el rendimiento de los valores individuales. Su cartera no se diversifica seleccionando una sola acción. Unos cuantos escándalos podrían hacer que el precio de las acciones cayera mañana y su cartera se resentiría.

Los fondos cotizados diversifican el proceso para que usted no tenga que pensar en ello. Compras un fondo cotizado con un grupo de grandes empresas detrás. Si las malas noticias afectan a una empresa del fondo, apenas se notaría porque se poseen otras grandes empresas.

Por lo tanto, es más fácil comprar fondos grandes como el S&P 500, donde se sabe que se invierte en empresas grandes y de calidad. La compra del S&P 500 le da acceso a las 500 empresas más importantes de Estados Unidos. Cuando a las 500 empresas más importantes les va bien, a usted también le irá bien. Cuando las 500 principales empresas lo hacen mal, lo cual es muy raro, a usted le irá mal.

Las dos formas en que los fondos cotizados ganan dinero son a través de las ganancias de capital y el pago de dividendos. El precio de la acción puede subir o bajar con el tiempo o puede recibir un pago en efectivo. Los inversores ganan más en función de la cantidad de dinero invertido gracias a los rendimientos compuestos.

Las ganancias de capital son simplemente aumentos o disminuciones en el precio de las acciones. Por ejemplo, puede comprar un fondo cotizado por 100 euros y venderlo la semana siguiente por 120 euros. Ha obtenido 20 euros de plusvalía.

La mayoría de los inversores buscan ganancias de capital. Invierten en empresas o fondos cotizados donde creen que el precio puede aumentar con el tiempo.

Algunos fondos cotizados también pagan un dividendo. Un dividendo es un pago en efectivo que se hace a los inversores por mantener la acción. Algunos inversores optan por centrarse en fondos que pagan dividendos y son conocidos como inversores de renta.

Sin embargo, lo importante es construir sus inversiones. Cuanto más dinero tenga invertido, más dinero podrá generar en rendimientos.

Por ejemplo, puede invertir 10.000 euros en el S&P 500, pero la rentabilidad del 10% es sólo de 1.000 euros. Sin embargo, imagine que tiene 100.000 euros o incluso 1.000.000 de euros invertidos. Ahora está generando 10.000 euros o 100.000 euros con un retorno de la inversión del 10%.

Los inversores deben ser conscientes de que el mercado de valores tradicionalmente sube con el tiempo. Por lo tanto, sus posibilidades de ganar dinero en la bolsa son mayores si es un inversor que compra y mantiene. En otras palabras, usted no negocia activamente sus acciones y tiene la intención de mantenerlas durante años y años.

¿Son los ETFs buenos para los principiantes?

La inversión en bolsa es perfecta para el primer inversor porque los ETFs gestionan el riesgo mediante la diversificación. La inversión en ETFs ofrece un estilo de inversión sencillo de comprar y mantener en el que los principiantes no tienen que seguir el ritmo de la bolsa. Los principiantes pueden simplemente comprar mes a mes sin tener que pensar en sus inversiones.

La mayoría de los fondos cotizados son muy diversos. A diferencia de la selección de valores individuales, los fondos cotizados se componen de varios, si no cientos o miles de valores. Por lo tanto, al comprar un solo ETF se está expuesto a múltiples valores.

Por ejemplo, comprando una sola acción de VOO invierte su dinero en el S&P 500. El S&P 500 está formado por los 500 valores más importantes de Estados Unidos. Con el fondo cotizado, tengo acceso a los 500 principales valores sin tener que salir a comprar cada uno de ellos.

Lo que más me gusta de los fondos cotizados es su sencillez. Antes de invertir en un fondo cotizado, debe saber siempre en qué está invirtiendo. Sin embargo, los fondos cotizados lo simplifican todo.

Todos los fondos cotizados tienen un objetivo. Es importante que entienda cuál es el objetivo de cada fondo antes de invertir. Por ejemplo, ¿el fondo es de renta o de crecimiento?

Sin embargo, la mayoría de los inversores empezarán con algo tan sencillo como un fondo S&P 500. Para muchos inversores, el S&P 500 es suficiente para empezar.

Una vez que se haya decidido por un grupo básico de fondos cotizados, lo único que tiene que hacer es comprar. No tienes que estar al día con la última compañía. Cada vez que invierte, sabe en qué ETF va a invertir.

Es tan sencillo como decir que tengo 500 euros para invertir, así que voy a comprar 500 euros del S&P 500.

Como puede ver, es posible ganar dinero con los fondos cotizados. De hecho, muchas personas crean riqueza cada día simplemente comprando ETFs. Los fondos cotizados cotizan como las acciones, pero están más diversificados y eliminan las conjeturas de la inversión.

Las ganancias de los fondos cotizados a través de las ganancias de capital o los dividendos. La mayoría de los inversores buscan un aumento del precio de las acciones, lo que se conoce como plusvalía. Sin embargo, algunos inversores buscan pagos en efectivo llamados dividendos.

Cuanto más dinero haya invertido, más fácil le resultará ganar dinero. Los rendimientos compuestos se producen cuando su dinero empieza a generar más dinero. Por ejemplo, se gana más con 1.000.000 de euros invertidos que con 10.000 euros invertidos.

3 ETFs imparables que pueden hacerte rico

Los fondos cotizados nunca han sido tan atractivos. Los inversores están invirtiendo una cantidad récord de dinero en los ETF, que mantienen cestas de valores como los fondos de inversión, pero se negocian como acciones. En el primer semestre de 2021 entró en los ETF casi tanto dinero nuevo como en todo el año 2020, que de por sí fue un año récord de entradas. El ritmo redujo el récord anterior en mil piezas.

En esta época en la que los valores "meme" se disparan, cabe destacar que gran parte del nuevo dinero de los ETFs se destina sensatamente a "productos ampliamente diversificados", como los fondos indexados del S&P 500, afirma Todd Rosenbluth, jefe de investigación de ETFs de la empresa de Wall Street CFRA. Los inversores utilizan estos ETFs como valores de la cartera principal; potencian los rendimientos con ETFs sectoriales o "temáticos". El interés es amplio: particulares, asesores e instituciones están comprando ETFs.

Parte de la atracción, como siempre, proviene del funcionamiento de estos fondos. En comparación con los fondos de inversión, los ETFs cobran comisiones anuales más bajas. Además, no tienen una inversión inicial mínima y cotizan como las acciones, lo que significa que puede comprar y vender acciones durante el día, comprar con margen e incluso venderlas en corto. Y como distribuyen menos ganancias de capital a los accionistas que los fondos de inversión, los ETFs tienden a ser más eficientes desde el punto de vista fiscal (más adelante se habla de esto). Pero un nuevo conjunto de tendencias de inversión, como la creciente importancia de las preocupaciones medioambientales, sociales y de gobierno corporativo y el número cada vez mayor de ETFs gestionados activamente y especializados, también están alimentando el interés por estos fondos.

En este contexto, llevamos a cabo nuestra revisión anual del sector de los ETF y del Kiplinger ETF 20 , la lista de nuestros fondos cotizados favoritos (e hicimos algunos cambios).

Marcando tendencias

Los ETFs ya no son sólo un plato de acompañamiento. Para muchos inversores, especialmente los que tienen entre 25 y 39 años, son el pilar fundamental. Estos fondos constituyen ahora casi un tercio de las carteras de los inversores millennials, según el último estudio anual de Charles Schwab sobre los inversores de ETF. De cara al futuro, casi el 70% de los inversores de la generación del milenio que han comprado o vendido un ETF en los últimos dos años dijeron que creen que estos fondos serán un tipo de inversión principal en su cartera. Sólo el 30% de los inversores de entre 56 y 74 años que tenían un ETF compartían este sentimiento, pero incluso esto está cambiando. La mayor aceptación, combinada con nuevos fondos innovadores, está haciendo que los ETFs sean más atractivos también para los inversores de mayor edad. Y las novedades están atrayendo a inversores de todo tipo al explosivo sector de los ETF.

Los inversores en bonos están adoptando los ETFs. Los inversores, incluso en Europa, están comprando cada vez más ETFs de bonos en lugar de fondos de inversión de bonos y bonos individuales. El año pasado, la Reserva Federal compró acciones en 16 ETF de bonos corporativos para apoyar el mercado de renta fija. Según el último informe, las tenencias de ETF del gobierno tenían un valor de mercado de 8.600 millones de euros.

En 2020, por segundo año consecutivo, los ETF de bonos recaudaron más dinero -186.400 millones de euros- que los de renta variable. "Mientras estábamos lidiando con la COVID-19, los ETF de bonos se han convertido en un vehículo de elección para los inversores debido a la liquidez que proporcionan", dice Rosenbluth de CFRA, refiriéndose a la facilidad con la que los accionistas pueden comprar y vender acciones de ETF. "Estos ETFs de bonos siguen siendo demandados en 2021, a pesar de que los productos de renta variable se han vuelto más populares".

Atraen a un público ESG. En 2020, la pandemia, la preocupación por el cambio climático y el movimiento por la justicia racial han intensificado un interés ya saludable por los fondos ESG, que se centran en empresas que cumplen con distintas medidas medioambientales, sociales y de gobierno corporativo.

Las entradas en fondos de inversión y fondos cotizados centrados en factores ASG y orientados a la sostenibilidad se duplicaron con creces hasta alcanzar los 51.000 millones de euros en 2020 en comparación con el año anterior. Los ETFs absorbieron la mayor parte de ese dinero nuevo (casi 34.000 millones de euros). Naturalmente, ha surgido una profusión de nuevos fondos

ESG para satisfacer la demanda. En los últimos 18 meses, se han lanzado casi 50 nuevos ETFs centrados en ESG o sostenibilidad.

Hay un ETF para cada tema. Los ETF temáticos ofrecen a los inversores una forma de invertir en tendencias a largo plazo que cambiarán nuestra forma de vivir y trabajar. Puede elegir entre fondos que se centran en las compras online, por ejemplo, o en el aprendizaje automático y la robótica, o en la genética y la inmunología. De vez en cuando, aparece un nuevo fondo en sintonía con el espíritu de los tiempos que es aún más nicho.

El bloqueo de la pandemia, por ejemplo, ha generado una serie de fondos para trabajar desde casa. Incluso los animados titulares de los memes están haciendo su agosto con el FOMO ETF (por "fear of missing the boat"). Otras veces, dice Johnson, "los temas son un reflejo de hacia dónde se dirige la economía". Desde abril, se han lanzado una serie de ETFs centrados en hoteles, restaurantes, aerolíneas y cruceros como forma de jugar con la economía en reposición.

Estos fondos son populares, pero pueden ser volátiles y algunos no sobreviven mucho tiempo. El ETF Obesity, que invertía en empresas centradas en la lucha contra la obesidad, se abrió en 2016, pero se cerró a principios de este año.

Algunos utilizan estrategias de fondos de cobertura. Las técnicas que antes eran accesibles sobre todo para los ricos están ahora disponibles en los ETF. "Es parte de la democratización de la inversión", dice el cofundador de Simplify Asset Management, Paul Kim. Simplify ha lanzado 12 ETFs desde el pasado septiembre. Todas las estrategias utilizan opciones para aumentar la rentabilidad o protegerse de las pérdidas. Kim dice que el mayor fondo de la compañía, Simplify US Equity PLUS Downside Convexity ETF, es "un fondo de índice S&P 500 con cinturón".

Luego están los ETFs con amortiguación, que utilizan estrategias antes limitadas a los llamados productos "estructurados" que suelen vender los bancos. Al igual que estos productos, los ETF con amortiguación siguen un índice y utilizan opciones para proteger el capital de una parte de las pérdidas del mercado a cambio de una parte de los rendimientos al alza. No son tan caros como los productos estructurados, se puede salir de ellos cuando se quiera y seguir manteniendo la eficiencia fiscal. Los ETFs atraen a los pensionistas que quieren tener acciones pero también quieren limitar el riesgo. En total, existen ahora 74 fondos con amortiguación, la mayoría de ellos lanzados en los últimos 12 meses, que han recaudado un total de 6.100 millones de euros en activos.

Por ahora, se venden principalmente a través de asesores, que pueden explicar los riesgos y beneficios a sus clientes antes de la compra.

Llegan los ETFs activos. El mundo de los ETF de gestión activa se está abriendo, gracias a una norma de la SEC aprobada en 2019 que permitía que algunos ETF activos fueran "no transparentes". En otras palabras, a diferencia de la mayoría de los ETFs, los ETFs no transparentes no tienen que revelar diariamente las posiciones detalladas de la cartera. En cambio, los informes completos se hacen trimestralmente. El hecho de tener que revelar diariamente las tenencias de la cartera impidió que los gestores activos ofrecieran ETFs a los inversores porque tenían que compartir demasiado su proceso de selección de valores".

Ahora, varias empresas de fondos de inversión muy conocidas han lanzado ETF activos, tanto transparentes como no transparentes. Fidelity ha lanzado 11 nuevos ETF activos en los últimos 18 meses. Tres de ellos son clones de fondos de inversión muy conocidos, incluido el Fidelity Blue Chip Growth ETF (símbolo FBCG), cuyo hermano de fondo de inversión de nombre similar (FBGRX) es miembro del Kiplinger 25 , la lista de nuestros fondos sin carga favoritos). T. Rowe Price lanzó a finales del verano pasado nuevas versiones en ETF de sus fondos de inversión Blue Chip Growth, Dividend Growth (otro fondo de Kiplinger 25), Equity Income y Growth Stock. Putnam y American Century también han lanzado recientemente ETFs activos y no transparentes. La creciente oferta de ETF activos ha facilitado que los inversores que creen en la gestión activa tengan opciones sólidas que considerar.

Son eficientes desde el punto de vista fiscal. La eficiencia fiscal siempre ha sido un atractivo para los inversores de los ETF. Parte de esta eficiencia se debe a la baja rotación de la cartera, al menos en el caso de muchos ETFs indexados. Pero también tiene que ver con la forma en que se crean y redimen las acciones de los ETF. Los fondos de inversión a veces tienen que vender los valores subyacentes para satisfacer los reembolsos de los accionistas. Esto puede desencadenar un reparto de plusvalías, que se reparte entre todos los accionistas del fondo. Pero los patrocinadores de los ETF no compran ni venden realmente los valores subyacentes en sus carteras. Terceros, inversores institucionales y creadores de mercado llamados participantes autorizados, lo hacen por ellos, ganando dinero con las transacciones que realizan.

Este proceso se denomina transacción en especie, ya que no se produce ningún cambio de manos entre la ETF y los participantes autorizados. En cambio, los ETFs entregan cestas de valores a los participantes autorizados para su reembolso (o los fondos reciben cestas de valores cuando se crean nuevas acciones). Dado que el propio ETF no realiza ninguna operación en efectivo, no es probable que el fondo de inversión realice una distribución de plusvalías. (Sigue estando sujeto a los impuestos sobre las ganancias de capital cuando vende las acciones).

La SEC permite ahora a los gestores de carteras personalizar las cestas de valores que entregan a los participantes autorizados, eligiendo qué partes de determinados valores de su cartera venderán a los participantes autorizados. Esto les da la oportunidad de mejorar en gran medida la eficiencia fiscal.

Otros productos cotizados

Los productos de inversión que cotizan en bolsa están disponibles de diferentes maneras, con importantes diferencias. Por ejemplo, los ETF, abreviatura de fondos cotizados, y los ETN, acrónimo de notas cotizadas, suenan ciertamente muy parecidos. Pero son productos muy diferentes.

Los ETFs invierten en una cesta de valores y se negocian en la bolsa como una acción. Su principal riesgo es la pérdida de valor de los activos del ETF. Pero los ETFs están estructurados para mantener su inversión a salvo incluso si la empresa que está detrás del ETF tiene problemas financieros.

Los ETN no ofrecen esta protección. Un ETN es un bono, o deuda no garantizada, emitido por un banco o empresa financiera. A diferencia de los bonos tradicionales, los ETN no pagan intereses ni invierten en los valores subyacentes de los índices que siguen. El banco se compromete a pagar al titular del ETN la rentabilidad de un índice de mercado, menos las comisiones.

Esa promesa conlleva riesgos. La solvencia del emisor es crucial. Si el banco quiebra (una rareza) o no cumple su promesa de pagar en su totalidad, usted podría quedarse con una inversión sin valor, o con uno mucho menor. El valor del ETN puede disminuir si la calificación crediticia del emisor se rebaja. Los ETN también pueden ser poco negociados, lo que puede dificultar la obtención de precios favorables al comprar o vender. Y si el ETN se cierra antes de su fecha de vencimiento, puede acabar recibiendo el precio de mercado actual, que puede ser inferior al precio de compra. Los cierres van en aumento: el año pasado cerraron 98 ETN.

En el lado positivo, muchos emisores de ETN son financieramente fuertes, como JPMorgan y Barclays, por nombrar un par, y operan ETN que tienen una docena de años o más. Y los ETN ofrecen la oportunidad de invertir en clases de activos nicho, como las materias primas o las divisas, y ofrecen una exención fiscal (porque los ETN no distribuyen dividendos ni ingresos por intereses).

¿Un nombre de confianza? También puede preguntarse por los ETF que llevan el término "trust" en su nombre, como el SPDR S&P 500 ETF Trust, el mayor fondo de renta variable estadounidense diversificada del país. Se encuentran entre los primeros ETFs y están estructurados como fondos de inversión (a diferencia de la estructura más común de las compañías de inversión registradas de hoy en día), dice Matthew Bartolini, jefe de SPDR Americas Research en State Street Global Advisors. Hay un conjunto de reglas diferentes, pero las diferencias son pequeñas y las variaciones en el rendimiento son mínimas. Los UITs tienen menos flexibilidad que los RICs, ya que están obligados a mantener todos los valores de un índice, no pueden prestar acciones a los vendedores en corto y no pueden reinvertir los dividendos pagados por las empresas subyacentes, por nombrar algunos ejemplos.

Consejos para comprar y vender ETFs

Hoy en día, los fondos cotizados se negocian sin comisiones en la mayoría de los corredores online. Pero operar de verdad requiere cierto cuidado. Aquí tienes algunos consejos.

Utilice órdenes limitadas. Las órdenes limitadas le permiten especificar el precio al que está dispuesto a comprar o vender acciones. No garantiza la ejecución instantánea, pero asegura que su orden se ejecute al precio designado o mejor, una protección importante durante los períodos de volatilidad inesperada de los precios. Una orden limitada sólo se ejecutará al precio límite establecido o inferior. Por ejemplo, si el iShares Core S&P 500 tiene un precio de mercado actual de 425 dólares, fije su precio límite en 425 dólares. Por otro lado, cuando se establece una orden limitada para vender acciones, la orden sólo se ejecutará al precio límite o superior. Las órdenes de mercado se ejecutan al siguiente precio disponible, sea cual sea.

Preste atención a la prima/descuento del fondo, especialmente cuando decida comprar o vender. Los ETF tienen dos precios: el precio de mercado por acción y el valor liquidativo (o NAV) por acción, que es el valor de los valores subyacentes del fondo. Estos precios pueden ser divergentes. Si el precio de la acción es superior al valor liquidativo, el ETF cotiza con una prima. Si el precio es inferior al valor liquidativo, se negocia con descuento. La prima/descuento puede variar, especialmente cuando la volatilidad del mercado es alta. El ETF iShares Core S&P 500 tenía una prima/descuento típica del 0,02% recientemente, pero durante la venta de principios de 2020 subió al 0,43%. Los ETF de renta variable extranjera son vulnerables a una prima/descuento elevada porque los valores subyacentes se negocian en bolsas de diferentes zonas horarias. Lo mismo ocurre con los ETF activos que no publican sus participaciones diariamente.

Calcula bien el tiempo de tus operaciones. No opere en días volátiles. Esperar a que termine el caos valdrá la pena. Evite también operar en la primera o última media hora del día de negociación porque la volatilidad tiende a ser mayor. Y nunca compre o venda cuando el mercado esté cerrado. Puede estar bien con un fondo de inversión, que se deposita al final de cada día de negociación, pero los precios de apertura pueden pillarle desprevenido si lo hace con un ETF.

Consejos y trucos para ganar dinero con los etf

Como hemos dicho, ahora hay miles de ETFs disponibles para los inversores de todo el mundo. No es fácil hacer un seguimiento de todos ellos. Para ayudarle a orientarse, le daremos consejos y trucos para encontrar rápidamente el ETF adecuado para su objetivo de inversión. Vamos a entrar en los criterios de selección individuales y le mostraremos cómo ir sobre la selección de un ETF y lo que debe prestar atención.

Seleccione el ETF adecuado en 3 pasos

1. **Determinar el objetivo de la inversión**

Antes de empezar a seleccionar un ETF específico, debe determinar su objetivo de inversión. Decida una clase de activos (como acciones, bonos o materias primas) y determine su ponderación en su cartera. Si no está seguro de qué porcentaje de su cartera debe asignarse a cada clase, pruebe nuestro Constructor de Estrategias de ETFs para ayudarle a decidir.

El siguiente paso es su estrategia de diversificación. ¿Desea distribuir su patrimonio ampliamente en una clase de activos o captar segmentos de mercado únicos? Por ejemplo, en renta variable, puede invertir en todo el mundo con un ETF, o dirigirse a regiones como los mercados emergentes, o profundizar en países concretos. Además, puede centrarse en sectores específicos, en una estrategia de renta variable concreta o en temas de inversión específicos (por ejemplo, las energías renovables). Nuestra visión general de los ETF por temas le ofrece un buen comienzo. Aquí puede encontrar rápidamente los ETFs adecuados para diversas estrategias de inversión.

Consejo sobre el ETF: ¡diversifica! Reparte tu dinero en el mayor número posible de empresas de todo el mundo.

1. **Seleccione el índice**

Pues bien, ha llegado el momento de pensar en el índice que seguirá a su ETF. Un buen índice cubre la mayor parte posible del mercado que desea seguir.

Tras seleccionar uno o varios índices, puede comparar los ETF disponibles. Por ejemplo, el índice FTSE All-Share replica el 98% del mercado bursátil británico invertible. Esto hace que los FTSE All-Share ETFs sean una excelente manera de ganar exposición a la renta variable del Reino Unido. Casi todos los principales proveedores de ETF ofrecen ETFs de índices de renta variable conocidos como FTSE All-World o MSCI World, por lo que los productos correspondientes suelen ser muy baratos.

Puedes buscar en Google cualquier índice para saber más, pero las reglas generales útiles son:

- Cuantos más valores sigan un índice de capitalización bursátil, mejor representará a su mercado.
- Los índices de mercado amplios son los mejores para la diversificación, independientemente de si quiere invertir en un ETF o crear una cartera de varios ETF.
- Cuanto más se centre un índice en determinadas empresas, sectores y países, más riesgo tendrá en comparación con un índice más amplio.

1. Seleccione el ETF

Ahora que ha respondido a las preguntas principales, es el momento de profundizar en los filtros que le ayudan a elegir un ETF de primera clase.

En la selección del ETF intervienen muchos factores diferentes, que se destacan en detalle a continuación. Decida, en función de sus necesidades individuales, qué ETFs encajan en su estructura de inversión y cómo desea priorizar los criterios individuales.

Criterios de selección del ETF: esto es lo que debe tener en cuenta a la hora de seleccionar un ETF

Criterios de selección del ETF objetivo

En primer lugar, echemos un vistazo a los criterios de selección de la ETF que pueden evaluarse según normas de evaluación objetivas. Por lo tanto, la evaluación de un ETF según estos criterios es independiente de su situación o preferencias personales. Por ejemplo, cuanto más bajos sean los gastos corrientes de un ETF, mejor. Si dos ETFs se diferencian sólo en términos de gastos corrientes, el ETF más barato sería siempre la mejor opción. Esta evaluación se aplicaría por igual a todos los inversores.

Tenga en cuenta, sin embargo, que la ponderación de estos criterios objetivos es más bien subjetiva y depende, por tanto, de su valoración personal. Por lo tanto, es usted quien debe decidir si quiere tener en cuenta estos criterios a la hora de seleccionar un ETF y en qué medida.

Sobre todo, los gastos **corrientes, el** tamaño del fondo y la antigüedad de un ETF son criterios esenciales de selección de ETF y deben aplicarse si es posible.

Gastos corrientes (TER)

Una de las grandes ventajas de los ETF es su bajo coste en comparación con otras inversiones, como los fondos de gestión activa. Sin embargo, suele haber grandes diferencias de coste incluso entre distintos ETF. Para evaluar el coste de un ETF, puede fijarse en el ratio de gasto total (TER). El TER mide la comisión anual aproximada que puede esperar pagar por mantener un ETF. Suma los diversos gastos administrativos, legales, operativos y de marketing en los que incurre la gestión del ETF y los deduce de sus rendimientos. La cifra de cargos en curso (OCF) es otro término para lo mismo. Dado que la TER está sujeta a una definición uniforme por parte del sector de la inversión y de la Unión Europea y debe ser debidamente comunicada, resulta especialmente adecuada como indicador de costes y criterio de selección. Por lo tanto, la información proporcionada por los distintos proveedores de ETF sobre el TER es comparable y debería tenerse en cuenta a la hora de seleccionar un ETF. El cálculo es sencillo: los bajos costes actuales deberían traducirse en mayores rendimientos a corto o largo plazo.

El problema es que ni el TER ni el OCF dan cuenta completa de los costes que se pagan por un ETF. Por ejemplo, no incluyen los costes de transacción ni los impuestos.

Sin embargo, estos costes ocultos aparecen en la rentabilidad anual de un ETF, por lo que puede utilizar los datos de rentabilidad para comparar con mayor precisión el coste de los ETF. Vea la diferencia de seguimiento más abajo.

Tamaño del fondo (más de 100 millones de euros)

El tamaño del fondo determina la rentabilidad de un ETF. Favorecer un tamaño de fondo (activos gestionados) de más de 100 millones de euros. El ETF puede ser lo suficientemente rentable como para estar a salvo de la liquidación una vez que supere este umbral.

Regla general: con un volumen de fondos superior a 100 millones de euros, la eficiencia económica se da en la mayoría de los casos.

Antigüedad del fondo (más de un año)

Podrá comparar mejor los ETF una vez que hayan acumulado un historial razonable. Necesita un mínimo de datos de rendimiento de un año, tres años es bueno pero cinco años es aún mejor para una inversión a largo plazo. Además, si la ETF tiene algo de historia, se puede evaluar mejor si corre el riesgo de cierre anticipado. Los ETFs que se han lanzado recientemente suelen tener un volumen de fondos bastante bajo. En estos casos, a menudo no está claro si el ETF tiene poco volumen simplemente por su corta duración o si simplemente no tiene demanda entre los inversores. En este último caso, la ETF corre el riesgo de ser cerrada de nuevo.

Rendimiento y trazabilidad de la diferencia

El ETF perfecto proporcionaría exactamente la misma rentabilidad que su índice. Pero los ETF están sujetos a fricciones del mundo real que no afectan a los índices. Los ETFs tienen que pagar tasas de transacción, impuestos, salarios de los empleados, tasas reguladoras y una larga lista de otros costes. Los índices, por su parte, son clasificaciones mundiales virtuales, por lo que son libres de calcular la rentabilidad de un mercado no perturbado por los factores de arrastre del ETF.

La diferencia entre la rentabilidad real de un ETF y la virtual de un índice se denomina diferencia de seguimiento. Un buen ETF minimiza la diferencia de seguimiento, que teóricamente es igual a la rentabilidad de mercado del índice menos los costes de gestión del ETF.

Puede evaluar la diferencia de seguimiento comparando los ETF que siguen el mismo índice durante el mismo periodo de tiempo. Basta con comparar sus rendimientos totales entre sí durante el periodo de tiempo más largo disponible.

Los rendimientos de un ETF miden su rendimiento fundamental. Nuestros gráficos e instantáneas de los rendimientos ofrecen una imagen completa de la rentabilidad de cada ETF a lo largo de diversos periodos de tiempo. Recuerde que hay algunas trampas a la hora de evaluar los rendimientos, pero nuestros datos le facilitan las comparaciones.

También hay que tener en cuenta que estas comparaciones sólo se refieren al pasado. Los resultados futuros pueden ser diferentes. Por ejemplo, podría ser que un ETF haya reducido sus costes recientemente. Esta reducción de costes tendría un impacto limitado en una visión histórica a largo plazo, pero un impacto muy grande en el rendimiento futuro del ETF.

Por esta razón, los costes actuales son a menudo un criterio de selección más importante para los ETFs que el rendimiento histórico.

Costes comerciales

Al comprar un ETF, se cobran comisiones sobre la orden. Estos varían en función del corredor.

Los ETF se compran y venden generalmente a través de la bolsa. Además de las comisiones de las órdenes, hay que tener en cuenta el diferencial entre el precio de compra y el de venta. El nivel de este diferencial depende de la liquidez del ETF negociado.

La liquidez se refiere a la eficacia con la que se puede negociar un ETF en una bolsa. Cuanto más líquido sea un ETF, más probable será que pueda comprarlo y venderlo rápidamente a un coste mínimo. Los ETF de mercados amplios suelen ser muy líquidos porque los valores subyacentes que poseen se negocian regularmente en volúmenes masivos. Por ejemplo, la mayoría de las acciones que se negocian en el mercado bursátil mundial son muy líquidas, por lo que un ETF con los mismos valores (por ejemplo, las acciones del FTSE 100) también puede negociarse rápidamente con un margen de beneficio mínimo.

Este margen de beneficio se denomina diferencial entre oferta y demanda y es la diferencia entre el precio de compra y el de venta de una inversión. Funciona de la misma manera que la compra de divisas cuando se va de vacaciones. Siempre se obtiene un precio ligeramente inferior cuando se vende que cuando se compra. El diferencial es el recorte del intermediario para ofrecer precios de compra y venta vinculantes. Estos intermediarios se conocen como creadores de mercado y ayudan a mantener la liquidez del mercado.

El diferencial entre la oferta y la demanda aumenta a medida que disminuye la liquidez y, puesto que se trata de un coste de negociación -que se paga además de las comisiones de negociación del corredor/plataforma-, merece la pena elegir el ETF más líquido de una categoría determinada. Los principales factores de liquidez son:

- Los valores subyacentes altamente negociables del ETF son mejores.
- Tamaño del fondo: más grande tiende a ser mejor.
- Volumen diario de operaciones: más tiende a ser mejor.
- Creadores de mercado: más es mejor.
- Condiciones del mercado: la liquidez puede disminuir cuando los mercados son muy volátiles.

Por regla general, cuanto más líquidos sean los valores subyacentes, más líquido será el ETF y menor será el diferencial de compra y venta. A medida que aumenta el volumen del fondo, la liquidez de un ETF también suele aumentar.

Situación fiscal

Asegúrese siempre de que sus ETFs tienen el estatus de fondo de información. Esto le permite evitar un desagradable choque fiscal en el futuro. Las plusvalías offshore se gravan con tipos impositivos desfavorables en lugar de con tipos relativamente favorables sobre las plusvalías, a menos que se trate de fondos declarantes. Todos los ETFs están domiciliados fuera del país y por lo tanto cuentan como offshore. La buena noticia es que la mayoría de los ETFs OICVM informan de los fondos, pero siempre vale la pena comprobar rápidamente la hoja informativa. Las inversiones en ISAs y SIPPs son inmunes a este problema.

Los ETFs son inversiones elegibles para los SIPPs e ISAs con la excepción de los ISAs de Ayuda a la Compra. Ahora puede tener dinero en efectivo e inversiones en una sola cuenta individual, aunque su cuenta debe estar en una institución que pueda mantener las inversiones en su nombre. Las inversiones en SIPPs e ISAs están protegidas del impuesto sobre los intereses, los dividendos y las ganancias de capital.

Criterios subjetivos de selección de la ETF

Además de los criterios objetivos de selección de la ETF mencionados hasta ahora, también hay factores cuya valoración es subjetiva. En estos criterios de selección, la conveniencia o no de una determinada característica de la ETF depende de sus necesidades y preferencias individuales. Una vez más, dependiendo de su situación personal, los siguientes criterios de la ETF pueden tener una prioridad muy alta o incluso ser ignorados si es necesario.

Sostenibilidad

¿Quiere invertir exclusivamente en empresas que cumplan determinadas normas de sostenibilidad, sociales y de gobernanza (ESG)? Entonces este es un criterio clave para usted a la hora de elegir un ETF. En nuestra búsqueda de ETF, tiene la posibilidad de limitar su selección a los ETF que tienen en cuenta criterios de sostenibilidad. Además, a la hora de seleccionar un índice, debe asegurarse de que la orientación del índice seleccionado se corresponde con sus motivaciones personales en materia de inversiones sostenibles.

Método de réplica

¿Cómo sigue su ETF a su índice? Hay tres métodos principales:

Réplica física completa en la que el ETF mantiene los mismos valores que el índice, en las mismas proporciones, para proporcionar un rendimiento preciso (independientemente del coste).

El muestreo es otro tipo de réplica física, pero esta vez el ETF mantiene una muestra representativa de los valores del índice en lugar de la última. Este método contrasta el seguimiento preciso del índice con el pago de los enormes gastos que supondría el seguimiento de un índice lleno de valores pequeños e ilíquidos.

La réplica sintética replica un índice mediante un swap de rentabilidad total. Se trata de un producto financiero que paga al ETF la rentabilidad exacta del índice al que da sombra. Los swaps suelen ser proporcionados por instituciones como los bancos de inversión mundiales a cambio de dinero en efectivo del proveedor del ETF. La réplica sintética libera a un ETF de tener físicamente los valores del índice, lo que resulta útil cuando son inaccesibles, ilíquidos o tan numerosos que tenerlos todos resulta poco práctico.

La réplica sintética le expone al riesgo de contraparte: la posibilidad de que el proveedor del swap incumpla sus obligaciones.

La réplica física también puede exponerle a un riesgo de contraparte si su proveedor de ETF participa en el préstamo de valores, la práctica de prestar valores a otros operadores financieros con el fin de vender en corto. La política de préstamos de seguridad de un proveedor debe publicarse en su sitio web.

La replicación física completa es obviamente el método más fácil, pero no siempre está disponible para todos los mercados.

Tratamiento de los ingresos (uso de los beneficios)

Los ETFs de distribución abonan los ingresos (intereses o dividendos) directamente en su cuenta de la plataforma/corredor de bolsa, para que pueda gastarlos o reinvertirlos como mejor le parezca.

Los ETF de acumulación (o de capitalización) no pagan ingresos, sino que los reinvierten automáticamente en el producto. Esto aumenta el valor de su participación en el ETF, ahorra los costes de transacción y aumentará el valor de su inversión con el tiempo gracias al efecto compuesto.

Dependiendo de su situación personal, los ETF de distribución o de acumulación pueden ser más adecuados para usted.

Proveedor de ETF

Los ETFs son gestionados por muchos de los principales bancos y compañías de fondos. El sello de un buen proveedor es el trato que da a sus clientes, así que búsquelo:

- presentación clara de la información y las políticas importantes
- fácil acceso a los detalles, la documentación y los datos del producto en su sitio web
- información y documentos clave que se actualizan periódicamente
- información diseñada para ser entendida, no para confundir

Si no tiene preferencia por los proveedores individuales, puede ignorar este criterio al seleccionar los ETF.

La buena noticia es que su banco convertirá todos los datos por usted en la moneda en la que esté su cuenta de valores. Además, los posibles riesgos monetarios del ETF no están relacionados con la moneda del fondo. Por lo tanto, puede ignorar la divisa del fondo como criterio para seleccionar un ETF con la conciencia tranquila.

Domicilio del fondo

Conviene conocer el domicilio social de su ETF para evitar complicaciones fiscales más adelante.

Los fondos cotizados aprobados para su venta en la UE son reconocibles por las siglas OICVM en su nombre. Los OICVM son un conjunto de reglamentos de la UE que establecen normas sobre el riesgo de contraparte, la diversificación de los activos, la divulgación de información y otras protecciones para los consumidores.

Los ETF estadounidenses y canadienses no se rigen por los principios de los OICVM y pueden estar sujetos a desventajas fiscales, legales y de tipo de cambio adicionales. Por lo general, estos ETF son reconocibles porque el OICVM no está a su nombre y su número de identificación del valor (ISIN) empieza por US o CA.

Conclusiones

Los fondos cotizados (ETF) tienen una serie de características que pueden hacer que estos vehículos de inversión sean ideales para los jóvenes inversores con pequeñas cantidades de capital para invertir. Por un lado, los fondos cotizados permiten construir una cartera diversificada con importes de inversión relativamente bajos. De hecho, hay al menos cinco razones por las que los jóvenes inversores podrían considerar los ETF como posibles oportunidades de inversión.

1. Variedad de ETFs

Los primeros ETF, introducidos a finales de los años 80 y principios de los 90, eran productos relativamente sencillos que replicaban índices bursátiles como el índice Standard & Poor's 500 y el Dow Jones Industrial Average. Desde entonces, la gama de ETFs disponibles se ha disparado hasta incluir prácticamente todas las clases de activos: acciones, bonos, inmuebles, materias primas, divisas e inversiones internacionales, junto con todos los sectores imaginables e incluso muchos nichos.

Puntos clave

- Los fondos cotizados pueden ofrecer oportunidades a los jóvenes inversores con un capital relativamente pequeño para invertir.
- Con casi 2.200 para elegir, los fondos cotizados pueden utilizarse para participar en una amplia variedad de mercados diferentes.
- Los ETFs pueden comprarse y venderse a lo largo del día de negociación y muchos de ellos tienen una gran liquidez con una considerable actividad comercial.
- La mayoría de los fondos cotizados utilizan un enfoque de indexación de bajo coste.
- Algunos ETFs aprovechan las modas o tendencias, como la creación de carteras basadas en inversiones ambientalistas o socialmente responsables.

La competencia entre los emisores de ETFs ha llevado a la introducción de ETFs muy específicos, de modo que los jóvenes inversores pueden encontrar

ETFs específicos que sigan mercados o segmentos concretos que puedan ser especialmente interesantes para ellos. También hay una serie de ETF inversos, que operan en sentido contrario a un activo o mercado, y ETF apalancados que magnifican los resultados en dos o tres veces.

Consideremos el caso de un joven inversor con 2.500 euros para invertir. Supongamos que este inversor es un gran estudioso de los mercados financieros y tiene algunas opiniones bien definidas sobre inversiones concretas. Son optimistas con respecto al mercado de valores estadounidense y les gustaría que la exposición a las acciones estadounidenses fuera su principal posición de inversión, pero también les gustaría tomar posiciones más pequeñas para expresar otras dos opiniones: son alcistas con respecto al oro y al yen japonés, esperando que ambos suban.

Mientras que una cartera de este tipo habría requerido un desembolso de capital mucho mayor en el pasado (especialmente antes de la llegada de los ETF de materias primas y divisas), un inversor con 2.500 euros puede construir una cartera que incorpore todos los puntos de vista mediante el uso de ETF. Por ejemplo, este inversor podría invertir 1.500 euros en el Standard & Poor's Depositary Receipts 500 Trust (SPY) e invertir 500 euros tanto en el SPDR Gold Fund (GLD) como en el Invesco CurrencyShares Japanese Yen Trust (FXY).

2. Liquidez de los ETFs

El hecho de que la mayoría de los ETF sean muy líquidos y puedan negociarse durante el día es una gran ventaja sobre los fondos de inversión indexados, que sólo cotizan al final de la jornada. Esto se convierte en un factor de diferenciación especialmente crítico para el joven inversor, que puede querer salir inmediatamente de una inversión deficitaria para preservar un capital limitado. La amplia liquidez también significa que los inversores tienen la oportunidad de utilizar las acciones del ETF para la negociación intradía, de forma similar a las acciones.

3. Bajas comisiones de los ETFs

Los fondos cotizados suelen tener unos coeficientes de gastos más bajos que los fondos de inversión. Además, aunque se compran y venden como acciones, muchos corredores online ofrecen ETFs sin comisiones, incluso para inversores con cuentas pequeñas. Esto puede ser una gran ayuda para los jóvenes inversores, ya que las altas comisiones y los honorarios podrían realmente devorar el saldo de su cuenta.

4. Elección de la gestión de la inversión con los ETF

Los ETFs permiten a los inversores gestionar sus inversiones con el estilo que prefieran: pasivo, activo o un punto intermedio. La gestión pasiva, o inversión en índices, consiste simplemente en crear una cartera que imite uno o varios índices de mercado, mientras que la gestión activa implica un enfoque más práctico y la selección de acciones o sectores específicos en un intento de "batir al mercado".

A los jóvenes inversores que no están totalmente familiarizados con las complejidades de los mercados financieros les convendría utilizar inicialmente un enfoque de gestión pasiva y pasar gradualmente a un estilo más activo a medida que aumenten sus conocimientos de inversión. Los ETFs sectoriales permiten a los inversores tomar posiciones alcistas o bajistas en sectores o mercados específicos, mientras que los ETFs inversos y los ETFs apalancados permiten a los inversores incorporar estrategias avanzadas de gestión de cartera.

5. Seguir las tendencias a través de los ETFs

Una de las principales razones del rápido crecimiento de los ETF es que sus emisores han estado a la vanguardia en cuanto a la introducción de productos nuevos e innovadores. Por lo general, los emisores de ETFs han respondido rápidamente a la demanda de productos en sectores candentes. Por ejemplo, durante el boom de las materias primas de 2003 a 2007, se introdujeron numerosos ETF de materias primas. Algunos de estos ETFs seguían amplias cestas de materias primas, mientras que otros seguían materias primas específicas como el petróleo crudo y el oro. También se lanzaron varios ETF que se adhieren a los principios de inversión ambiental, social y de gobernanza (ESG).

Aunque la mayoría de los ETF se gestionan de forma pasiva, simplemente siguiendo un índice, existen ETF de gestión activa.

Es probable que el dinamismo y la innovación mostrados por los emisores de ETF atraigan a los jóvenes inversores. A medida que surjan nuevas tendencias de inversión y surja la demanda de productos de inversión aún más novedosos, no cabe duda de que se introducirán ETF para satisfacer esta demanda.

Los jóvenes inversores que no están del todo familiarizados con las complejidades de los mercados financieros pueden estar bien servidos invirtiendo en un fondo cotizado que siga el mercado en general. Los fondos sectoriales permiten a los inversores tomar posiciones alcistas o bajistas en sectores específicos, mientras que los ETF inversos y los ETF apalancados permiten a los inversores incorporar estrategias avanzadas de gestión de carteras. Otras características de los ETF que los convierten en vehículos de inversión ideales para los jóvenes inversores son la diversificación, la liquidez, las bajas comisiones, la elección de la gestión de la inversión y la innovación.

Claro, son más baratos que los fondos de inversión. Por supuesto, son más eficientes desde el punto de vista fiscal que los fondos de inversión. Claro, son transparentes, están bien estructurados y, en general, están bien diseñados.

¿Pero qué hay de los riesgos? Veámoslos:

1) Riesgo de mercado

El mayor riesgo de los ETFs es el riesgo de mercado. Los mercados suben y bajan. Los ETF no son más que una envoltura para sus inversiones subyacentes. Por lo tanto, si compra un ETF del S&P 500 y el S&P 500 baja un 50%, no le servirá de nada lo barato, la eficiencia fiscal o la transparencia de un ETF.

2 "Juzgar un libro por su portada

El segundo mayor riesgo que vemos en los ETFs es el riesgo de "juzgar un libro por su cubierta". Con más de 2000 ETFs en el mercado hoy en día, los inversores se enfrentan a muchas opciones en cualquier área del mercado que elijan. En años anteriores, por ejemplo, la diferencia entre el ETF "biotecnológico" con la mejor rentabilidad y el ETF "biotecnológico" con la peor rentabilidad fue de más del 18%.

¿Cómo es eso? Uno de estos ETFs mantiene empresas de genómica de nueva generación que buscan curar el cáncer, mientras que el otro mantiene empresas de instrumentos que sirven al sector de las ciencias de la vida. ¿Ambas biotecnologías? Sí. Pero significan cosas diferentes para cada persona.

3) Riesgo de exposición exótica

Los ETFs han hecho un trabajo extraordinario abriendo diferentes áreas del mercado, desde las acciones y bonos tradicionales hasta las materias primas, divisas, estrategias de opciones y más. Pero, ¿es una buena idea el fácil acceso a estas complejas estrategias? No sin estudiar.

¿Quiere un ejemplo? ¿El ETF de petróleo estadounidense (USO | A-100) sigue el precio del crudo? No, no exactamente. ¿Ofrece el ProShares Ultra QQQ ETF (QLD), un ETF de doble apalancamiento, el 200% de la rentabilidad de su índice de referencia a lo largo de un año? No es así.

Cuando se trata de ETFs de renta variable y renta fija, la complejidad reina. Ten cuidado.

4) Riesgo fiscal

El riesgo "exótico" tiene un impacto en el frente fiscal. El SPDR Gold Trust (GLD | A-100) contiene lingotes de oro y sigue el precio del oro casi a la perfección. Si compra GLD y lo mantiene durante un año, ¿pagará el tipo impositivo de las plusvalías a largo plazo cuando lo venda?

Lo harías si fuera una acción. Pero aunque compre y venda GLD como si fuera una acción, se le aplica un impuesto sobre la base de lo que contiene: lingotes de oro. Y desde el punto de vista de la Agencia Tributaria, los lingotes de oro son un "objeto de colección". Eso significa que pagas impuestos sin importar el tiempo que los conserves.

Las divisas reciben un trato aún peor.

5) Riesgo de contrapartida

Los ETFs están, en su mayor parte, a salvo del riesgo de contrapartida. Aunque a los alarmistas les gusta plantear temores sobre el préstamo de valores dentro de los ETF, esto es en su mayoría una tontería: los programas de préstamo de valores suelen estar sobregarantizados y son extremadamente seguros.

El único lugar donde el riesgo de contraparte importa mucho es con los ETN. Los ETNs son simplemente notas de deuda garantizadas por un banco subyacente. Si el banco quiebra, no tienes suerte.

6) Riesgo de detención

Hay muchos ETFs que son muy populares y hay muchos que no son queridos. Cada año, unos 100 de estos ETFs poco queridos son descatalogados.

El cierre de la ETF no es el fin del mundo. El fondo se liquida y se paga a los accionistas en efectivo. Sin embargo, no es divertido. A menudo, el ETF obtendrá plusvalías durante el proceso de liquidación, que pagará a los accionistas registrados. También habrá costes de transacción, seguimiento irregular y otras quejas diversas. Una compañía de fondos incluso tuvo la desfachatez de apoyar a los accionistas con los gastos legales para el cierre del fondo (esto es raro, pero sucedió).

En la mayoría de los casos, se aconseja vender un ETF tan pronto como anuncie su cierre.

7) Riesgo de novedades interesantes

La máquina de marketing de la ETF es una fuerza poderosa. Cada semana, a veces cada día, sale algo nuevo, un ETF importante, un fondo que superará al mercado con menos riesgo, y más.

Sigue esta advertencia: "No te creas el bombo".

Aunque hay muchos nuevos ETFs fantásticos que salen al mercado, hay que desconfiar de todo lo que promete un almuerzo gratis. Estudie detenidamente los materiales de marketing, trabaje para comprender plenamente la estrategia del índice subyacente y no confíe en los rendimientos retrospectivos.

8) Riesgo de comercio masivo

El "riesgo de la multitud" está relacionado con el "riesgo de las novedades". A menudo, los ETFs abren pequeños rincones de los mercados financieros donde hay inversiones que ofrecen un valor real a los inversores. Los préstamos bancarios son un buen ejemplo. Hace unos años, la mayoría de los inversores ni siquiera habían oído hablar de los préstamos bancarios; hoy, más de 10.000 millones de euros se invierten en ETF de préstamos bancarios.

Eso está muy bien... pero cuidado: cuando entra el dinero, el atractivo de un determinado activo puede disminuir. Además, algunas de estas nuevas clases de activos tienen límites de liquidez. Si el dinero se precipita, las valoraciones podrían verse perjudicadas.

No se trata de advertir a nadie contra los préstamos bancarios, la deuda de los mercados emergentes, las estrategias de baja volatilidad o cualquier otra cosa. Sólo hay que tener en cuenta al comprar: si este activo no era fundamental en su cartera hace un año, probablemente debería seguir estando al margen de su cartera hoy.

9) Riesgo de negociación del ETF

A diferencia de los fondos de inversión, no siempre es posible comprar un ETF con cero costes de transacción. Como cualquier acción, un ETF tiene un diferencial, que puede variar desde un céntimo hasta muchos euros. Los diferenciales también pueden variar con el tiempo, siendo pequeños un día y amplios al siguiente. Y lo que es peor, la liquidez de un ETF puede ser superficial: el ETF puede cotizar a un céntimo por las primeras 100 acciones, pero para vender 10.000 acciones rápidamente, es posible que haya que pagar un cuarto de diferencial.

Los costes de las operaciones pueden consumir rápidamente sus rendimientos. Conozca la liquidez de un ETF antes de comprar y opere siempre con órdenes limitadas.

10) Riesgo de que el ETF "se rompa".

La mayoría de las veces, los ETFs funcionan como deberían: siguiendo felizmente sus índices y cotizando cerca del valor neto de los activos. Pero a veces, algo en el ETF se rompe y los precios pueden descontrolarse.

A menudo no es culpa de la ETF. Cuando se produjo la Primavera Árabe, la bolsa egipcia cerró durante varias semanas. El ETF Market Vector Egypt (EGPT | F-57) era la única forma diversificada y cotizada de especular sobre la apertura de ese mercado cuando las cosas se estabilizaran. Durante el cierre, los inversores occidentales se mostraron fuertemente alcistas, subiendo el ETF fuertemente desde donde estaba el mercado antes de la revolución. Pero cuando Egipto reabrió sus puertas, el mercado estaba esencialmente plano y el valor del ETF se desplomó. No fue culpa del ETF, pero los inversores se quemaron.

También hemos visto que esto ocurre en ETNs o ETFs de materias primas cuando (por diversas razones) el producto ha dejado de emitir nuevas acciones. Estos fondos pueden negociarse con primas elevadas, y si compra un ETF con una prima significativa, debe esperar perder dinero cuando lo venda.

En general, los ETFs hacen lo que dicen que hacen y lo hacen bien. Pero decir que no hay riesgo es ignorar la realidad.

Así que, como último consejo, sólo diría esta pequeña fórmula: prudencia + estudio = conocimiento y suerte.

Sólo así podrá encontrar su oportunidad en este fantástico mundo de los ETFs.

CPSIA information can be obtained
at www.ICGtesting.com
Printed in the USA
BVHW091145200922
647493BV00009B/1057